“十四五”时期河北省全域旅游高质量发展研究

史广峰　杨玉霞　著

中国旅游出版社

责任编辑：刘志龙
责任印制：闫立中
封面设计：中文天地

图书在版编目（CIP）数据

“十四五”时期河北省全域旅游高质量发展研究 / 史广峰，杨玉霞著. -- 北京 : 中国旅游出版社，2021.9

ISBN 978-7-5032-6783-3

Ⅰ. ①十… Ⅱ. ①史… ②杨… Ⅲ. ①地方旅游业－旅游业发展－研究－河北 Ⅳ. ①F592.722

中国版本图书馆CIP数据核字(2021)第169577号

书　　名：“十四五”时期河北省全域旅游高质量发展研究

作　　者：史广峰　杨玉霞　著
出版发行：中国旅游出版社
（北京静安东里 6 号　邮编：100028）
http://www.cttp.net.cn　E-mail:cttp@mct.gov.cn
营销中心电话：010-57377108，010-57377109
读者服务部电话：010-57377151
排　　版：北京旅教文化传播有限公司
经　　销：全国各地新华书店
印　　刷：北京明恒达印务有限公司
版　　次：2021 年 9 月第 1 版　2021 年 9 月第 1 次印刷
开　　本：720 毫米 ×970 毫米　1/16
印　　张：9.75
字　　数：139 千
定　　价：39.00 元
I S B N　978-7-5032-6783-3

前言

党的十九大报告明确指出，“新时代我国社会主要矛盾是人民日益增长的美好生活需要和不平衡不充分的发展之间的矛盾，必须坚持以人民为中心的发展思想，不断促进人的全面发展、全体人民共同富裕”。作为“幸福产业”，旅游是人民生活水平提高的重要标志，是人民对幸福美好生活更高层次的追求。随着社会主要矛盾的转变，我国旅游业也发生了结构性变革，目前已经进入大众旅游时代，旅游已经成为人们的一种生活方式，旅游需求已经成为刚性需求，旅游对于增强人民获得感、幸福感的作用愈发凸显。大众旅游时代的旅游需求已经从传统的团队观光旅游向休闲、度假、自驾、探险等深度体验型转变，围墙式的景区景点游已经不适应当下的旅游市场需求，旅游产业转型升级迫切需要创新性发展理念的指引。在此背景下，“全域旅游”应运而生，它不仅是一种新的旅游发展理念和模式，代表国内外现代旅游发展的新方向和新趋势，更是一种新的区域协调发展理念和模式，是发展战略的再定位，是县域经济、市域经济在新常态下的一种新形态、新理念、新模式。旅游学界对于全域旅游的理解一方面是从“全”入手，认为发展全域旅游就是使旅游业形成全要素、全行业、全时空、全过程、全产业，另一方面是从“域”入手，构建空间域、产业域、管理域、要素域。但相同点都是认为全域旅游是我国在当前经济新常态发展背景下提出的一种新的旅游发展模式，并提出需要各地区结合自身的实际情况，因地制宜，开创出适宜本区域的全域旅游发展模式。实践证明，全域旅游具有普遍的适用性，有助于推动区域经济的发展，但全域旅游发展不能千篇一律，应根据区域旅游资源状况、经济发展水平、地域文化特质等多方面因素综合考虑，因地制宜，选择适宜的全域旅游发展模式。科学、高质发展全域旅游意义重大，它首先能够为旅游者提供全方位的服务，满足新时代旅游者的新需求；其次，能够助力旅游业管理体制的转型升级，实现从管理景区、旅行社、饭店传统管理体制向全要素、全行业、全过程的综合管理体制转型；最后，在全面深化改革的时代背景下，有助于将旅游业作为改革的破冰产业带动全面深化改革的推进。

“十四五”时期是我国由全面建成小康社会向基本实现社会主义现代化迈进的关键时期，“两个一百年”奋斗目标的历史交汇期，也是全面开启社会主义现代化强国建设新征程的重要机遇期，推动高质量发展成为“十四五”期间的核心主题。在转变发展方式、优化经济结构、转化增长动力的关键阶段，河北省全域旅游高质量发展面临着前所未有的历史机遇，双循环格局构建拓宽文旅发展新空间，疫情常态防控催生文旅消费新模式，消费需求升级倒逼文旅供给新形式，产业转型升级引领文旅发展新方向，科技创新带来文旅发展新变革，深化文旅融合激发文旅发展新动能，文旅强省建设倒逼全域旅游新发展，国家战略部署落地实施带来文旅发展新机遇。

河北省作为首批全域旅游示范省创建单位之一，“十三五”期间文旅产业发展取得了优异的成绩，为“十四五”期间全域旅游高质量发展打下了坚实的基础，但按照《国家全域旅游示范区验收、认定和管理实施办法（试行）》要求，河北省全域旅游示范省创建任务依然艰巨。在“十四五”期间，河北省将继续推进全域旅游高质量发展，把它作为贯彻落实好京津冀协同发展、雄安新区规划建设、筹办北京冬奥会等国家“三件大事”的引擎器和重要抓手，在改革创新、开放合作中加快实现新旧动能转换，推动新动能、新产业、新业态蓬勃发展。通过高质量推进全域旅游发展，面向京津、走向世界，构建服务京津冀的魅力休闲体系，打造 2.5 天微度假环首都休闲度假旅游圈，建设雄安新区文旅创新发展示范区、张承国际冰雪运动休闲区，建设世界级城市群的“后花园”，满足人们日益增长的高品质生态文化服务产品需求，最终走出一条加快转型、绿色发展、跨越提升的发展新路，必将极大提升河北省创业创新环境、人居环境、营商环境、交通环境、服务环境、生态环境和舆论环境，大大提升“河北魅力”。

本书重点研究河北省全域旅游高质量发展的模式和路径，不仅能为河北省全域旅游高质量发展提供战略性指导，也能为全国各地全域旅游发展提供参考。本书共包括六章内容。第一章是“十四五”时期河北省全域旅游高质量发展的背景意义，分别是从国际、国内和河北省三个层面阐述河北省全域旅游发展的时代背景。第二章是“十四五”时期河北省全域旅游发展现状分析，总结了“十三五”期间河北省文旅产业发展所取得的丰硕成果并分析了河北省全域旅游发展所存在的问题和不足，在此基础上判研河北省全域旅游高质量发展的战略和方向。第三章是国内外全域旅游实践探索与启示，既分析了国际上全域旅游发展的经典模式和案例，包括法国、意大利、西班牙、新加坡四个国家的全域旅游发展模式，又总结了国内全域旅游发展的经典模式，包括龙头景区带动型、文旅深度融合型、景域一体共建型、特色资源驱动型、全域产业融合型、城乡融合统筹型、特色村镇建设型、城市全域辐射型、资源城市转型型、全域综合发展型、交通系统串联型、全域生态保护型、全域研学引领型 13 种全域旅游经典发展模式，涵盖了目前为止大部分的全域旅游发展模式。基于对国内外典型全域旅游发展模式的研究，归纳总结全域旅游高质量发展的特性和共性，为河北省不同特色的县市区发展全域旅游选择合适的模式及路径提供有效参考。第四章是河北省典型全域旅游发展模式研究，包括十二节内容。本章选取了河北省 12 个县（市、区），包括涉县、北戴河区、山海关区、迁西县、武安县、平山县 6 个国家全域旅游示范区以及沧州市、正定县、遵化市、桃城区、康保县、灵寿县 6 个全域旅游发展迅速且有独特发展模式的地区，分析了这些地区的地域特色、全域旅游发展模式及重点发展路径，供省内外其他地区借鉴学习。第五章是“十四五”时期河北省全域旅游高质量发展路径，包括六节内容。基于前四章的基础研究，归纳总结出“全域共学—全域共融—全域共建—全域共智—全域共联—全域共享”的河北省全域旅游高质量发展模式，并进行详细阐述。第六章是“十四五”时期河北省全域旅游高质量发展保障措施，分别从管理体制机制、相关政策支撑、旅游市场活力、专业人才保障四个方面进行阐述和探讨，为全域旅游发展所需的人、地、钱提供综合保障，为河北省全域旅游高质量发展保驾护航。

本书是作者立足多年来从事旅游产业相关理论研究及旅游规划编制相关实践基础，以作者近年来主持的河北省社会科学基金课题、河北省社会科学发展研究课题、河北省教育厅人文社会科学研究重大课题、河北省文化和旅游“十四五”发展规划研究课题、河北省社会科学院重大课题等理论研究及河北旅游研究院编制的《沧州市全域旅游发展规划（2019—2025）》《衡水市桃城区全域旅游发展规划（2018—2035）》《张家口市康保县全域旅游发展规划（2018—2030）》《石家庄市灵寿县全域旅游发展规划（2017—2025）》《唐山市迁西县全域旅游发展规划（2017—2035）》《遵化市全域旅游发展规划（2017—2025）》等多个全域旅游规划编制实践工作为基础，紧密结合党中央、国务院、文化和旅游部对全域旅游的工作部署，充分吸收国内外全域旅游发展的实践经验所集成的研究成果。本书是史广峰主持的2020年度河北省社会科学发展研究课题《“十四五”时期河北省全域旅游高质量发展研究》（课题编号：20200302008）的重要研究成果，全书由史广峰负责统筹设计，河北旅游研究院旅游规划师杨玉霞协助编写，河北省社会科学院旅游研究中心实习研究员王春蕾、贾子沛参与编写。在此要对河北省文化和旅游厅对本课题研究的鼎力支持深表谢意，同时非常感谢中国旅游出版社的支持和帮助。在课题研究过程中，课题组成员集思广益通力合作，但由于时间紧迫，本书只是对河北省全域旅游高质量发展模式及路径的初步探索，希望能抛砖引玉，引发广泛的研究与参与，不妥之处，敬请各位读者批评指正。

史广峰

2021年7月

目 录

第一章　“十四五”时期河北省全域旅游高质量发展的背景意义

一、国际层面

多年以来，我国文旅产业发展稳中有进、繁荣向好，旅游已经成为展示国家形象的重要窗口及促进对外往来、增进合作共赢的重要抓手。当今，国际形势错综复杂，国际政治、经济格局正在洗牌，尤其2020年年初以来，新冠肺炎疫情的全球大流行对国际社会造成了空前的冲击，国际政治、经济结构中的问题不断暴露，原有的全球治理秩序和体系被打乱，国际传统旅游业发展的不确定因素正在增加。国际旅游业必须同时防范逆全球化影响以及新冠肺炎疫情带来的风险，多方挑战使国际旅游市场持续低迷。

（一）新冠肺炎疫情影响持续，入境旅游市场发展受限

受新冠肺炎疫情影响，全球旅游业中止往年向好发展趋势，遭受前所未有的重创。自2020年1月新冠肺炎疫情暴发以来，出于疫情防控需要，多数国家或旅游目的地实行了出行限制措施，其中90%完全或有针对性地关闭边境口岸，国际旅游业遭到严重冲击，全球出游人数、旅游收入持续走低，旅游业、酒店、民航客运在极短时间内按下暂停键[1][2]。

为保障国民健康与安全，巩固来之不易的抗疫成果，我国不得不限制入境，自2020年3月28日起，暂时停止外国人持有效来华签证和居留许可入境，同时暂停各类优惠签证政策。自2020年9月28日至今，我国入境政策依然收紧，这客观上限制了我国入境旅游市场的发展。目前，受境外严峻疫情影响，我国主要客源国韩国、日本、美国、俄罗斯等国家来华受限，使国内入

境旅游市场遭到严重冲击，几乎处于停滞状态。2020 年入境旅游人数 2720 万人次，同比减少 81.3%；外汇收入 170 亿美元，同比减少 87.1%[3]。

（二）全球政治、经济环境不稳定因素冲击旅游业发展

作为国家间交往的有效方式，国际旅游与国际政治经济环境密切相关，当前国际关系中的不稳定因素增多，尤其是大国关系调整加快了国际力量对比和世界格局演化[4]。同时国际安全形势错综复杂，国际经济形势动荡加剧，在国际大环境巨变之下，全球旅游业遭到严重冲击，发展缓慢且挑战重重[5]。

近年来国际战略形势发生深刻变革，国际竞争更为激烈，地区局部争端持续，国家利益冲突时有发生，一些国家保护主义和单边主义盛行，国际关系的不稳定性和不确定性增加，世界政治格局正在重新洗牌。世界经济深度衰退、国际贸易和投资大幅萎缩、国际金融市场动荡、经济全球化遭遇逆流，世界政治、经济都正处于“百年未有之大变局”之中，尤其在新冠肺炎疫情于全球范围内肆虐之际，人类社会与国际秩序受到全方位冲击[6][7]，世界经济下滑趋势明显，国际社会的矛盾与冲突被放大，既有国际体系正在发生前所未有的改变，来自政治、经济等多重不稳定因素使国际旅游业接连受到打击[8]。

二、国内层面

“十四五”时期是我国由全面建成小康社会向基本实现社会主义现代化迈进的关键时期，“两个一百年”奋斗目标的历史交汇期，也是全面开启社会主义现代化强国建设新征程的重要机遇期。在转变发展方式、优化经济结构、转化增长动力的关键阶段，在疫情防控常态化形势下，“双循环”新发展格局正在构建，全面深化改革正在推进，重大国家战略正在实施，国内旅游消费新模式迭代升级，旅游产品的供给形式更为丰富。作为一种全新的发展模式，在关键的历史时期，全域旅游正在拓宽旅游业的发展空间，制造全新的发展机遇。

（一）双循环大格局拓宽文旅发展新空间

近年来，在逆全球化倾向初步显现和全球新冠肺炎疫情肆虐之际，在

“十四五”开局之年，面对风云突变的国际政治、经济形势，我国正在加快形成以国内大循环为主体、国内国际双循环相互促进的新发展格局。这是新发展理念的升级，是根据我国发展阶段、环境、条件变化作出的战略决策，是事关全局的系统性深层次改革[9]。文化和旅游既是拉动内需、繁荣市场、扩大就业、畅通国内大循环的重要内容，也是促进国内国际双循环的重要桥梁和纽带，需要用好国内国际两个市场、两种资源。当前，在大众旅游时代背景下，在“双循环”发展格局的引领和供给侧结构性改革的持续推动下，对外开放新格局与人类旅游共同体得以构建[10]，立足于新发展格局，国内旅游发展空间得到了拓展。

首先，国家、省、市等各级政府积极出台政策以扩大旅游内需、推动国内旅游产业高质量发展，通过持续推进旅游产业供给侧结构性改革，提升传统旅游消费、优化产品供给结构、提升旅游服务质量，来提升国内旅游供给体系与旅游市场需求的适配程度，满足人民日益增长的对于高品质旅游和美好生活的需要。其次，“双循环”格局要求提升旅游对外开放程度，统筹国际国内两个旅游市场，加强与“一带一路”沿线国家的旅游交往与合作，这对打造我国国际旅游品牌、提升我国入境旅游吸引力、扩大国际旅游投资领域具有重要的推动作用。最后，“双循环”格局为旅游供给侧结构性改革提出了新的更高要求，入境旅游、国内高质量旅游产品的开发得到足够重视，免税政策不断完善，免税店成为引导海外消费回流、转移境外购物的重要手段。当前，河北省依托正定国际机场设立免税店，为旅客提供境外消费品，满足不同消费群体在消费升级大浪潮下的购物需求，同时举办“中国·石家庄综合保税区进口商品交易会”，从参展企业代理广度、合作力度、企业品质、参展模式、产品品类等多维度树立标杆，积极探索国际旅游自由购物区，促进旅游投资、消费和贸易便利化。

（二）全面深化改革首推文旅改革新标杆

2018 年 3 月，习近平总书记主持召开中央全面深化改革委员会第一次会议并发表重要讲话，他强调，深化党和国家机构改革全面启动，标志着全面深化改革进入了一个新阶段，改革将进一步触及深层次利益格局的调整和制度体系的变革[11]。改革开放40余年来，我国经济社会取得了举世瞩目的成绩，然而随着发展的进一步加快，诸多不适应市场经济的深层次问题逐渐显露出来。党的十九大报告中再次强调"坚持全面深化改革""不断推进国家治理体系和治理能力现代化，坚决破除一切不合时宜的思想观念和体制机制弊端，突破利益固化的藩篱，吸收人类文明有益成果，构建系统完备、科学规范、运行有效的制度体系，充分发挥我国社会主义制度优越性"[12]。

早在改革开放之初，酒店业就作为打破原有管理体制的突破口，被认为是改革的先行行业。在全面深化改革的关键时期，《国务院关于促进旅游业改革发展的若干意见》(国发〔2014〕31号文)发布，再次将旅游业作为改革的抓手产业。2018年3月，国务院办公厅发布了《关于促进全域旅游发展的指导意见》，该意见明确指出："统筹协调，融合发展，把促进全域旅游发展作为推动经济社会发展的重要抓手，从区域发展全局出发，统一规划，整合资源，凝聚全域旅游发展新合力。"事实上，经过数十年的快速发展，旅游业已经逐渐发展为国民经济的战略性支柱产业，对关联产业的带动作用日渐增强，成为我国缓解经济下行压力、弥合收入两极分化、充分带动就业的重要引擎，在调整产业结构、缓解生态环境压力、破解区域发展不平衡等方面的作用愈发凸显，被认为是全面深化改革的突破口[13]。

全域旅游强调旅游业的整体性，是通过实现区域内经济社会资源的整合，实现对旅游资源、生态环境、公共服务、政策法规、关联产业的全面优化提升，围绕旅游产业"让市场在资源配置中发挥决定性作用"，是深化改革先行的突破口。以推进全域旅游为主线，推动旅游体制机制改革，实现现代旅游治理能力的提升，加快门票经济转型，有助于创新用地政策、创新旅游投资体系、优化公共服务，不仅打破了部门利益固化，推动了土地资源、资本要素优化配置，完善了市场价格制度，营造了良好的市场环境，更引领了社会公共服务建设，带动区域经济社会进步。鉴于其强大的社会经济带动效应，作为一种全新的旅游发展模式，全域旅游被视为推动脱贫攻坚的突破口和重要抓手，是创新扶贫的新模式，是提高富民受益面、助力社会主义现代化建设的强大动力。在全域旅游战略布局下，基层活力被充分调动，全面深化改革被促进、被引领，旅游业完全具备再次承担全面深化改革的能力。

（三）疫情常态防控催生文旅消费新模式

在新冠肺炎疫情的冲击下，国内、国际文旅消费市场受到了极大的冲击。自 2020 年 1 月下旬以来，“机票 + 酒店”旅游产品、各景区景点、场馆陆续停止营业。据估算，中国旅游业每停滞一天，损失可能超过 170 亿元[14]。随着疫情形势持续向好，各地在做好疫情防控的同时，陆续开放旅游景区，旅游业有所回暖。事实上，在后疫情时代，旅游业将保持三个不变：支撑旅游业发展的中国经济不会变、持续增长的大众旅游意愿不会变、游客对于高品质旅游的追求不会变[15]。在疫情防控常态化的形势下，文旅消费信心稳步恢复，旅游形态、旅游习惯发生改变，新的消费模式出现，一些质量不高、内涵不深、吸引力不强、支撑力不够的旅游产品逐步被整合、淘汰，一批旅游产业的新热点在此阶段被激活并受到市场认可，成为带动国内旅游市场复苏的主要力量[16]。

短途游、周边游、散客游成为主要旅游形式。在国外疫情愈演愈烈的形势下，出于对健康和各地疫情管控政策的考虑，短途游、周边游成为国内游客的首选旅游形式，游客往往倾向于选择周末、小长假前往城市周边、乡野村落、国内旅游景点等开展旅游活动，以达到休闲、放松身心的目的[17]。同时因为相应防疫要求，以亲子游、家庭游、自驾游等形式为主的散客游也成为主流的出行方式。在较长一段时间内，短途游、周边游、散客游将成为国内旅游产业振兴的基础力量。

线上旅游被广泛激活。在疫情防控要求下，为减少人员接触，避免人员聚集，得益于数字化景区的建设，众多旅游景区纷纷开展了线上旅游模式，通过在线直播、大数据技术、人工智能技术、5G 通信技术等，模拟旅游场景，配合专业讲解为游客提供“无接触旅游”服务。作为科技进步的产物，“云端旅游”打破了空间的阻碍，在疫情期间为游客提供了游览机会，将优质的旅游资源展现给游客，满足其增长知识见闻的个性化需求，同时也达到了拓宽文旅消费空间、宣传旅游目的地资源、塑造旅游目的地形象的积极作用[18]。

健康将成为旅游产业的热点主题。在后疫情时代，随着人们对健康生活的要求提高，一批符合公共卫生要求的旅游新业态将得到发展机会[19]。与传统观光旅游相比，康养旅游停留时间长、旅游节奏慢、消费力度大，并且能够满足人们追求身体健康的目的，被认为是人们主动追求健康生活的最佳载体[20]。随着疫情防控形势向好，国内各地相继出台了促进文旅消费、加快旅游产业复苏的政策，其中浙江、江西、江苏、安徽等地都将发展康养旅游作为振兴旅游市场的重要抓手，鼓励、引导文旅企业开发能够缓解游客身心压力、有助于游客身心健康的康养旅游产品。在后疫情时代，国内康养旅游将迎来一段较快的发展时期。

（四）消费需求升级倒逼文旅供给新形式

随着旅游市场进入深度改革期，旅游者消费观念、行为方式发生重大改变，消费者更加注重文旅消费产品的品质和价值[21]，文旅消费开始呈现个性化、多元化、品质化特征，同时对体验性、趣味性的要求也大大提升。当前，随着“90 后”“00 后”乃至“10 后”作为新消费主体登场，自下而上的供应链迭代正在进行，文旅消费移动化、文旅需求个性化、文旅目的地 IP 化、文旅产品细分化的趋势日益明显[22]。

人民对美好生活的向往、对优质旅游产品的需求，释放出十分强劲的消费动力和内需潜力[23]，旅游需求已经从单一的观光游览向休闲度假转变，自助游、半自助游成为游客出行的优选方式，旅游消费空间也实现了从景点景区向目的地旅游的转变，这些变化对旅游供给产品高质量发展提出了新的发展要求[24]。在自主旅游时代，未来旅游将形成替代消费、夜间消费、品质化消费、体验化消费、康养化消费、融合化消费、时尚型消费、创新型消费等八大消费趋势[25]。为更好满足大众文旅消费升级需要，适应新的文旅消费趋势，高品质、精细化的旅游产品得到大力发展，以形成对传统旅游产品的迭代升级，文化旅游、乡村旅游、休闲旅游、康养旅游、研学旅游、体育旅游等新兴产品业态逐步形成了细分市场，并成为消费热点，旅游供给方的新产品、新形式、新服务被催生。

（五）产业转型升级引领文旅发展新方向

党的十九大报告指出：“我国经济已由高速增长阶段转向高质量发展阶

段，正处在转变发展方式、优化经济结构、转变增长动力的攻关期。"作为我国国民经济的战略性支柱产业、国民经济的重要组成部分，旅游产业的转型升级同样要聚焦于旅游产业结构，通过由粗放型向集约型方向转变、深入挖掘旅游资源内涵、培育旅游新产品新业态，实现旅游产业发展质量提高、价值链延伸与附加值提升[26]。

全域旅游战略被认为是推进旅游供给与需求适应、旅游消费与投资相促进的重要渠道，是加快产业升级转型的重要抓手[27]。同时，作为一种全新的指导理念，全域旅游同样被认为是实施旅游产业供给侧结构性改革的一种创新思维，能够推动旅游业提质升级，不断满足游客日益增长的个性化、多元化、品质化旅游需求。在旅游业供给侧结构性改革创新发展中，通过全域旅游战略的实施，能够将旅游要素配置最优、旅游资源整合最佳、产业结构调整最合理，以新型理念引领文旅产业发展的新方向，旅游业实现集聚规模化发展，生活与旅游的边界将逐渐模糊，旅游的价值被进一步挖掘，多途径加强产旅融合，文旅发展更多地趋向于高质量、高科技、融合化、定制化[28]。

（六）重大国家战略开辟文旅形态新前景

乡村振兴战略与乡村旅游。2017 年 10 月 18 日党的十九大报告中，习近平总书记首次提出了"乡村振兴"战略，2018 年 3 月农业农村部成立，2021 年 2 月，国家乡村振兴局成立，乡村振兴作为一项国家战略已经提到党和国家工作的重要议事日程上。当前，乡村旅游作为有效融合一二三产业的有效载体，已经成为推动乡村经济增长、提高村民收入水平的重要途径。在乡村振兴战略的实施背景下，乡村旅游将持续发挥其强大的产业带动作用，成为乡村振兴的重要抓手，持续在产业兴旺、生态宜居、乡风文明、治理有效、生活富裕等方面发挥更大的作为。

文化自信战略与文旅融合。2016 年习近平总书记在庆祝中国共产党成立 95 周年大会上明确提出：中国人要坚持的"四个自信"中文化自信位居其一。2018 年文化和旅游部的成立，有效整合文化和旅游两个领域的资源与优势，推动两个产业的相互融合与发展，充分发挥"旅游 + 文化"的多重价值，文化是旅游的灵魂、是最好的旅游资源，旅游是文化的载体、是最大的市场[29]，将旅游的过程拓展为感悟中华文化、增强文化自信的过程，文旅融合将成为实现文化自信的重要抓手、振兴文化自信的重要手段。在此背景下，文化和旅游业态融合、产品融合、市场融合将持续推进，文化产业和旅游产业的深层次联系被构建，集文化创意、旅游休闲等于一体的文化和旅游综合体成为提升旅游文化内涵、促进文化传播的重要载体。文化和旅游深度融合、创新发展，形成优势叠加、双生双赢的良好局面，文旅产业将持续发挥其全面提升国家文化吸引力、增加旅游竞争力的作用。

数字中国战略与数字文旅。2017 年 12 月，习近平总书记强调推动实施国家大数据战略，推进数据资源整合和开放共享，加快建设数字中国。当前，数字中国已是中国信息化历史进程的集中体现，涵盖经济、政治、文化、社会、生态等各领域信息化建设，而智慧旅游建设早已成为区域旅游发展进程中举足轻重的环节。物联网、云计算、北斗导航在文旅领域的应用，使文旅数据资源体系建设不断加强，通过建立健全数据开放与共享机制、强化数据挖掘与应用，文旅行业监测、风险防范、应急处置能力将不断提升，信息化将推动文旅行业治理现代化。同时在疫情防控常态下，旅游科技创新步伐加快，数字文旅、智慧旅游建设将成为后疫情时代旅游产业新的经济增长点，5G、大数据、人工智能等新技术成功倒逼数字文旅，旅游领域正在向数字化、网络化、智能化转型[30]，“云端旅游”已经成为新的旅游风尚，以数字化为核心的文旅产业生态正在不断形成。

三、河北层面

京津冀协同发展、雄安新区规划建设、冬奥会筹办、国家公园建设、自贸试验区等重要决策部署的推进为河北省旅游高质量发展创造了宝贵的历史机遇。河北省在认真贯彻落实党和国家重要指示精神的基础上，准确研判旅游产业发展新趋势，精准把握全省旅游发展阶段，顺势而为制定一系列利好政策，以全域旅游示范省创建、文旅强省建设为契机，推动旅游产业高质量发展，充分彰显河北省旅游新优势，发挥旅游业龙头带动作用，全省正在迎来打造文化和旅游新高地的宝贵机遇。

（一）国家战略实施拓展文旅发展新领域

京津冀一体化、雄安新区规划建设、自贸试验区推进，是聚焦于京津冀的协同开放、坚持新发展理念、主动融入和服务国家发展战略的重要举措。作为实现区域协同的共振点与共赢点，推动对外开放的切入点和突破口，在重大国家战略的实施下，更为广大的旅游市场不断涌现，文旅发展的新领域不断开拓，京津冀旅游业在优势互补、客源共享、基础设施共建等方面获得新的发展契机[31]，在资金、资源、人才等方面的协同发展将进一步深化。在此背景下，区域旅游协作更加密切，不断推出更多的优惠政策，营造良好的营商环境，全省文旅产业结构将更为优化，发展空间将更为广阔，河北省文旅产业发展的优势将更为明显。

在民族复兴、文化强国、旅游发展的时代背景下，国家文化公园建设是“共同体思想”在文旅领域的创新实践[32]，河北省长城国家文化公园、大运河国家文化公园的建设推进，将同质化的旅游资源整合成线，深度挖掘长城、大运河的历史文化内涵，以遗产的文化属性为基底，落脚于大众休闲与旅游活动，成为河北省文旅产业发展的重要依托、拓宽文旅融合领域的创新路径[33]。习近平总书记在考察冬奥会筹备工作时指出要推动京津冀协同发展，加快建设京张体育文化旅游带，在北京冬奥会与京津冀一体化战略的双重驱动下，作为河北省委、省政府的“三件大事”之一，以筹办冬奥会为机遇，京张体育文化旅游带建设加快，河北省冰雪旅游得以制度保障[34]，燕赵传统体育的跨文化传播进程得以加速[35]，“旅游＋体育”“冰雪旅游”呈现出空前的蓬勃发展态势，区域合作与产业融合进一步深化，产业结构、服务水平、营销方式将迎来全面升级，与国际接轨[36]。

（二）多重政策叠加刺激文旅消费新红利

“十三五”期间，河北省认真贯彻落实党和国家关于旅游产业的决策部署，紧密结合省情制定了一系列利好政策，推动全省旅游产业遵循规划引领、有序推进、科学发展的原则，加快实现从旅游资源大省到旅游强省的跨越步伐。河北省相继制定推出了《河北省旅游业“十三五”发展规划》《关于全省旅游业发展体制机制改革的若干意见》《关于实施旅游产业化战略建设旅游强省的意见》。2017年河北省旅游工作小组印发了《关于促进旅游业改革发展的八个专项行动计划》，进一步明确了全省在新业态新产品建设、乡村旅游提升与旅游精准扶贫、基础设施提升、旅游品牌建设、旅游云建设、全域旅游示范区创建、服务质量全面提升、人才队伍建设八个方面的重点工作目标任务，共同构建形成了推进旅游强省建设的“1+2+8”政策支撑体系。2020年9月，《国务院办公厅关于以新业态新模式引领新型消费加快发展的意见》（国办发〔2020〕32号）印发，鼓励进一步培育壮大各类消费新业态新模式、推动线上线下融合消费双向提速、鼓励企业依托新型消费拓展国际市场，加大新型消费政策支持力度。

为深入贯彻落实习近平总书记关于坚决打赢疫情防控阻击战的重要指示精神，全面落实党中央、国务院和省委、省政府关于疫情防控的决策部署，积极发挥文旅产业在疫情防控中的重要作用，解决文旅企业应对疫情带来的生产经营困难和问题，河北省相继出台了系列政策以在疫情防控常态化下稳定省内旅游市场、刺激文旅消费热点。2020年2月15日，河北省文化和旅游厅印发《关于有效应对疫情支持全省文旅企业发展的十条政策措施》，推出加大资金扶持力度、减降税费、强化金融政策支持、降低企业运营成本、积极促进稳岗就业、支持完善基础设施和公共服务体系、促进重点文旅项目加快建设、支持文旅企业提质升级和产品创新、加大政府购买公共服务支持力度、加强旅游市场宣传营销十项政策措施，帮助省内文旅企业度过疫情寒冬。2020年4月，河北省文化和旅游厅印发《河北省文化和旅游产业恢复振兴指导意见》，针对全省文旅产品有效供给不足、增值效益不高、人均消费水平偏低等问题，结合疫后群众健康、绿色、休闲新需求，全面推进文旅消费扩容提质。2020年11月26日，河北省政府办公厅发布《关于以新业态新模式引领新型消费加快发展的实施意见》（冀政办字〔2020〕198号），提出要注重推动旅游行业线上线下消费有机融合，完善升级河北旅游大数据中心，建设“一部手机游河北”生态体系，提升旅游消费智能化、便利化水平，以疫情防控倒逼“数字文旅”及“智慧景区”建设迈向新台阶。

（三）文旅强省建设倒逼全域旅游新发展

文旅融合为全域旅游高质量发展带来新气象，作为全国省级全域旅游示范区，河北省于2017年9月发布了《河北省人民政府加快创建全国全域旅游示范省的意见》，明确提出了要将河北文化元素贯穿于旅游业发展的全过程，深入推进文旅融合，规划建设一批文化旅游精品景区，重点将正定古城、广府古城、暖泉古镇等建成文化旅游精品。河北省文化旅游资源丰富，红色文化、历史文化、现当代文化等与旅游资源交织融合，成为开发优质旅游产品的基础，河北省围绕全域旅游建设目标，推动“京畿福地 乐享河北”品牌建设，重点打造以承德避暑山庄、清东陵、清西陵等为核心的皇家文化旅游品牌，以金山岭、老龙头等为核心的长城文化旅游品牌，以直隶总督署、直隶书院等为核心的京畿文化旅游品牌，以西柏坡、狼牙山等为核心的红色文化旅游品牌，以沧州武术城、大运河旅游观光带等为核心的运河武术文化旅游品牌，以战国赵都、正定古城等为重点的历史文化旅游品牌，构建河北文化旅游产业品牌体系。

此外，为满足游客不断升级的多元化旅游需求，河北省以推进文旅融合为发展契机，在推动全省景区提质升级的同时，以文化为主题脉络，将众多文脉相亲的景点景区串联成线，打造精品旅游线路，实现了从“门票经济”到旅游产业链全面开发的升级转型。石家庄市正定新区开辟了“古城＋新区”“美丽乡村＋古城＋滹沱河”等多条精品旅游线路，按照全域旅游战略的实施要求，将分散的景区景点连线成片，不仅彰显了区域深厚的文化内涵，而且以全域旅游推进和文旅融合为契机，实现了区域旅游竞争力的全面提升。

第二章 "十四五"时期河北省全域旅游高质量发展现状分析

一、硕果累累，发展基础坚实

全域旅游作为旅游产业的一场深刻变革，其核心是从单一景区建设管理向全域打造提升转变、由单一门票经济向产业经济转变。近几年，河北省改变原来推进传统旅游业发展的思路和理念，为推进全省的全域旅游发展，相继编制了《河北省国家全域旅游示范省创建规划（2017—2025 年）》《河北省旅游高质量发展规划（2018—2025 年）》等顶层设计，高标准指导河北省文旅产业的高质量发展。同时，以全域旅游示范省创建为指引，以省市旅发大会为抓手，河北省深入推进大众旅游、智慧旅游和"旅游 +""+ 旅游"，文旅融合进程加快，发展基础更为稳固，体制机制不断健全，形成了省、市、县三级同创的全域旅游发展格局；旅游产品日益丰富，旅游基础设施建设不断完善，旅游公共服务质量大幅提升，旅游产业结构更加优化，综合效益高、带动能力强的现代旅游业体系正在逐步完善。"十三五"期间，河北省文旅项目总投资额突破 5000 亿元，同比"十二五"增长 215%，文化产业、旅游产业增加值占 GDP 的比重超过 7%，成为拉动全省经济增长和转型升级的重要引擎。2020 年文旅项目实际完成投资 1500 多亿元，同比增加 12%；全省接待游客 3.8 亿人次，实现旅游收入 3600 亿元，文旅行业持续恢复向好。

（一）示范引领，创建工作成效卓越

河北省委、省政府高度重视全域旅游创建工作，出台了《关于加快创建

全国全域旅游示范省的意见》,《河北省全域旅游示范区创建工作指南》《全域旅游示范省创建总体项目支持方案》等工作方案，强化规划引领和政策支持，科学设定创建实施程序与工作规范，确保创建工作精准有效，全力推进创建工作取得实效。

全域旅游示范区的创建工作成效卓然，秦皇岛、张家口、承德 3 个设区市和 14 个县（市、区）入选国家全域旅游示范区创建单位，第三届全国全域旅游推进会上，河北省入选全国全域旅游示范省创建单位，标志着河北省全域旅游发展迈进新的阶段，全域旅游示范区创建工作跻身于全国前列。目前，河北省已成功创建 7 家国家全域旅游示范区和 21 家省级全域旅游示范区（表 2–1），各市做好景观质量和环境质量改造升级，大力推进全域旅游示范市创建，全面推进全域旅游服务保障体系建设，总结成功创建工作经验做法，积极申报国家级全域旅游示范区。持续发力强化督导，严格对标《国家全域旅游示范区验收、认定和管理实施办法（试行）》《国家全域旅游示范区验收标准（试行）》等文件，采取自评自查、交叉督导、抽查督导等方式，开展多轮全域旅游督导检查工作，确保全域旅游创建工作取得实效。

表 2–1 河北省全域旅游示范区创建情况分布表

序号	全域旅游示范区级别	创建单位	成功创建
1	国家全域旅游示范区	张家口市、承德市、秦皇岛市、平山县、涉县、武安市、阜平县、安新县、涞源县、易县、涞水县、张北县、蔚县、迁西县、迁安市、遵化市、北戴河区	第一批：北戴河区、涉县、易县； 第二批：邯郸市武安市、石家庄市平山县、秦皇岛市山海关区、唐山市迁西县
2	省级全域旅游示范区	石家庄、唐山、保定、邯郸、定州 5 市及香河县、大广回族自治县、大城县、渤海新区、河间市、青县、南大港产业园区、武强县、桃城区、冀州区、深州市、邢台县、沙河市、内丘县、柏乡县、南和县、巨鹿县、威县 18 个县（市、区）	第一批：北戴河区、涉县、易县、迁安市、平山县、张北县、内丘县、双桥区； 第二批：石家庄市正定县、石家庄市鹿泉区、承德市滦平县、张家口市怀来县、秦皇岛市山海关区、秦皇岛市北戴河新区、唐山市遵化市、唐山市迁西县、廊坊市香河县、保定市涞源县、邢台市信都区、邯郸市武安市、邯郸市峰峰矿区

（二）优化供给，产品质量不断提升

"十三五"期间，在全域旅游战略实施推动下，河北省旅游产业发展进入快车道，产业融合程度不断加深，观光、休闲、度假等旅游产品不断提质升级，基础设施建设水平、旅游公共服务水平全面提升，传统旅游业态、新兴旅游业态、旅游文创产品亮点纷呈、多面开花，全省旅游供给呈现多元化发展趋势。

1. 推进A级景区创建，旅游服务质量显著提升

一方面，"十三五"期间，河北省以全域旅游示范省创建为统领，努力提升旅游景区质量，积极推进A级景区的创建工作迈向新的阶段。截至2021年3月，河北省国家5A级旅游景区增加至11家，4A级景区增加至140家，国家和省级旅游度假区达到10家。另一方面，全省多措并举，促进疫情过后文旅企业复苏、转型升级。通过加强A级景区的提升改造、星级饭店的动态管理、旅行社的资质审核、建立服务质量评价体系等措施努力提升旅游服务质量，积极组织文旅系统工作人员、旅游景区管理人员、导游参加培训，注重服务品牌建设、景区宣传营销、旅游投诉处理、导游专业素养与职业形象等方面的提质升级，加快后疫情时代文旅产业复苏发展和升级打造。

2. 提升旅游文创产品研发水平，文化魅力得以彰显

旅游文化创意产品是区域文脉特征的彰显，是文化发展脉络的映射，是旅游目的地文化元素的集中展现，是产品本身创意的集合，也是新形势下保护和传承非物质文化遗产的实效性措施[37]。在文旅融合背景下，旅游文创产品已经成为丰富游客体验、彰显旅游产品内涵、提升旅游目的地形象的重要抓手[38]。近年来，河北省连续举办文创和旅游商品创意设计大赛、旅游文创产品展览会，扎根省内特色旅游资源，推广"创意进景区"模式，推出了一批具有河北特色的高质量旅游文创商品，"衡水儒礼""承德好礼""夜游邢台""邢台游礼"等文旅衍生产品，"抗疫""冰雪"主题系列文创产品皆受到业内人士和广大游客的欢迎，欧姿芳·河北正定园博园定制臻享礼盒、萧太后·萧太后茶香系列等作品获得2020年度中国特色旅游商品大赛金奖。此外，河北博物院通过对院藏文物、文化资源的系统梳理和挖掘，研发文物复仿、

文具玩具、装饰饰品、个人用品、生活用品、服装服饰、珠宝首饰、书籍出版、休闲食品九大类共计868种文创商品，游客实现了“把博物馆展品带回家”，集中展现了河北作为旅游资源和历史文化资源大省，在旅游文创产品方面具有得天独厚的优势。

3. 推动产业融合不断加深，旅游产品类型不断丰富

“十三五”期间，在高水平、高标准构建全域旅游规划体系的基础上，“周末游河北”的旅游品牌被全面叫响，“旅游+”“+旅游”战略被深入实施，实现了从单一旅游产品供给向全业态、全时段供给转变，推进多要素集聚、多产业叠加，持续创新推动旅游与文化、农业、工业、体育、康养、科技、教育等多个领域融合发展，乡村旅游、红色旅游、工业旅游、生态旅游、科技旅游、体育旅游、研学旅游、康养旅游等特色旅游项目蓬勃发展。全省注重乡村旅游资源的开发利用，“十三五”期间，全省共有1600个村、5400余家企业发展乡村旅游，乡村旅游累计带动就业77.6万人。主题乡村旅游线路、精品民宿、文创产品、乡村农副产品等丰富的乡村旅游产品不断涌现，“冀忆·乡愁”系列乡村旅游品牌不断打响，乡村旅游的发展为当地带来了多重效益；石家庄市以滹沱河生态走廊为主线，贯通西柏坡和正定，推出了展现开国之旅、赶考之旅、圆梦之旅的红色旅游精品线路；张家口以冬奥会举办为契机，投资数百亿元，新建了一批以太子城冰雪小镇、老掌沟越野小镇为代表的“旅游+体育”项目，体育旅游品牌不断打响；秦皇岛强化生命健康产业对旅游高质量发展的引领作用，加速推进旅游与康养产业的提质升级与高度融合，推动建设了北戴河生命健康产业创新示范区，打造出“医、药、养、健、游”一体化的高端健康产业集群。

4. 加强旅游基础设施建设，旅游发展基础更为坚实

“十三五”期间，河北省持续提升旅游基础设施和公共服务体系建设水平，全省新建、修建旅游公路3900多千米，风景道、绿道4400余千米，修建游客服务中心300余个，交通通达度、可达性大大提升。同时，注重旅游交通设施建设，在高速公路、旅游公路沿线新建、改造旅游交通标识牌，提升旅游交通的引导服务水平；节假日高速公路和主要旅游道路交通组织到位，

旅游目的地拥堵预警信息发布及时，运输服务保障不断加强；积极推进建设交通枢纽旅游集散中心、房车营地建设、旅游风景道，聚焦提升交通便利化程度，旅游目的地面貌也得到改善。此外，全省高度重视旅游厕所的新建、改建、扩建工作，制定旅游厕所建设实施方案，陆续开展旅游厕所的修建工作，开工率、完成率提高，更加注重结合厕所修建进度提升百度地图上线率。

（三）科技智能，数字文旅初见成果

科技创新推动文旅产品和服务从线下到线上、从单一到复合，新基建和产业互联网的飞速发展使得基于5G、大数据、人工智能等新技术的新业态消费不断增长，成功倒逼数字文旅快速发展，云旅游、智慧旅游的潜能被大大激发，文旅科技发展速度大大加快，“云旅游”“云看展”“云直播”更是在疫情期间发挥了主力军作用[39][40]。河北省抓住机遇转危为机，加速文旅产业的数字化、网络化、智能化升级，加强旅游信息基础设施建设，深化“互联网+旅游”。疫情期间，河北省开展了“防疫抗疫，河北文旅在创作”主题活动，创办“河北演艺网云剧场”平台，在全国率先推出了“云游”系列宣传，上线云上博物馆、行走长城等线上文旅产品，并在全省开展智慧景区示范点创建评审工作，全面提升景区的智慧化管理水平和服务水平。

1. 推进智慧旅游建设

河北省积极响应智慧景区建设号召，始终以提升游客旅游便利度和改善服务体验为导向，推动智慧旅游公共服务模式创新。以大数据中心升级、文旅产业运行监测与应急指挥平台升级、文旅资讯网升级、微信公众号升级为抓手，全省加强全域旅游智慧平台建设，新建、提升全域旅游智慧平台项目，推进线上服务平台、监管平台建设，实现对旅游市场的综合调度和应急指挥，提升智慧旅游管理水平。全省构建了“一部手机游河北”的生态体系，培育了云旅游、云直播等线上数字化体验产品，不仅为游客打造了沉浸式的旅游体验场景，更提供了更加便捷、智能的服务，智慧文旅成为实现游客服务与沟通、营销推广、商业交易多方诉求的重要渠道，大大增强了用户体验。同时，以智慧景区示范点创建评审为契机，全省深入贯彻落实“限量、预约、错峰”重要指示精神，依托智慧平台建设，通过智慧景区实名制预约，完成分时预约系统部署，在疫情期间已实现预约限流常态化。

2. 创新文旅活动形式

为适应疫情防控常态化形势，全省创新文旅活动开展形式，活动阵地由线下拓展到线上，形式多样的线上文旅产品不断推出，微信公众号、直播平台推送的景区景点 VR 游、“云剧场”“云剧院”“云游”等活动不仅丰富了人们的精神文化生活，更满足了疫情期间游客的文旅需求。同时，将数字科技引领的文旅活动新形式应用到文旅会展、推介活动中，广泛采用“主会场 + 分会场”“视频连线 + 线上多渠道直播”的会议新模式、“陆空并进 + 全线跟拍”“云端 + 实地”的观摩新模式，集中打造呈现云展馆、云观摩、云相册等数字化产品，采取线上直播、扶贫带货、云上购物等新媒体营销方式，用科技手段让体验方式更加多元化、立体化，扩大了活动的参与人群范围，提升了观众体验感、参与感、实效性，引领了科技化、数字化、智慧化文旅活动的新方向。

（四）营销联动，品牌影响加速提升

“十三五”期间，河北省做大做强“周末游河北”“爱家乡 · 游河北”等主题营销活动，创新开展融媒体宣传，旅游推广中心达 32 家，新媒体综合传播力持续位于全国前列。同时通过投放旅游广告、制作文旅节目、举办文旅推介活动与旅游节庆活动等形式广泛吸引关注，打造多维度宣传平台，河北旅游综合实力和影响力显著增强。

1. 加强合作，打造立体化、品牌化宣传网格

河北省注重加强与中央、省、市主流媒体、行业内权威网络平台的合作，强化媒体宣传力度，充分利用主流媒体在文旅产业传播样态方面的引领作用[41]，在央视《朝闻天下》《人民日报》、新华社、学习强国、《中国旅游》杂志、《中国旅游报》、河北广播电视台等央级媒体、省级媒体积极发布宣传信息。目前，已在央视《朝闻天下》栏目投放播出河北省“京畿福地 乐享河北”系列广告，包括保定市“京畿胜境 醉美保定”、唐山市“英雄城市 想不到的美”“唐山周末”、正定“常常想起 念念不忘的那个地方”、承德市“魅力承德 生态强市 ”、张家口市“大好河山”、邢台市“守敬故里 太行山最绿

的地方"等各品牌广告。同时与澎湃新闻、新浪微博、去哪儿网等平台开展合作，利用抖音、腾讯微视频、微信平台、今日头条等新媒体进行线上宣传，并参加高铁电视公益广告宣传活动，全省打造形成了立体化、品牌化的宣传网格。

2. 立足特色，精心推出精品文旅宣传栏目

近年来，河北省以形式多样的节目品类向大众传递全省旅游信息，宣传展示全省深厚的历史文化和丰富的旅游资源，树立旅游目的地文旅形象。相继推出"名牌导游带您游河北"系列音频节目、《动听河北》栏目的文旅故事板块、"声韵雄安——名牌导游带您游雄安""打卡天然氧吧 畅游'京津冀最美湿地'""发现保定非遗之美"等系列音频宣传栏目，打造成展示河北省深厚文化底蕴、丰富旅游资源的重要窗口。此外，为增强文旅宣传效果，对外旅游交流与合作、宣传与推广时不乏市领导参与：承德市旅游和文化广电局党组书记、局长董宇参加了中国交通广播《畅游天下》栏目"相约春天——百位文化和旅游局长访谈"，邢台市副市长邓素雪、文旅局局长赵坤峨分别在"中国推介"栏目、"听见河北文创声音"节目推介当地文旅产品。

3. 集中宣传，积极构建推介活动平台

为适应市场新变化，促进目的地旅游品牌建设与发展，推动区域旅游产业整合与统一销售，河北省注重多节点组织举办推介活动，统一打包、集中宣传、上下联动、持续发力，为地区文旅新资源、新产品搭建展示平台，为供给双方提供洽谈平台与合作交易的机会。全省各地陆续举办多次推介活动，包括文旅资源推荐会、特色线路推荐会、促销推介活动等，均产生较大的影响力。张家口与北京市延庆区联合举办 2020 北京延庆冬季文旅资源推介会，唐山组织举办唐山文化旅游线上推介会，廊坊推出"畅游绿色廊坊 尽享健康生活""廊坊人游廊坊 河北人游廊坊"文旅促销推介会，保定策划"醉美保定 · 非遗文化研学之旅""爱家乡 游河北 发现身边的美——惠游保定"系列推介活动，众多文旅推介活动不仅推动旅游企业间的友好往来与互利合作，多领域、深层次的合作优势也被放大，同时提振了文旅消费、助推了文旅产业被市场广泛认可。

4. 宣传带动，发挥旅游节庆活动作用

在多元化的宣传促销方式下，各地市充分借助旅游节庆与主题活动，扩大举办地的影响力，提高知名度，同时达到了吸引商贸洽谈机会、促进旅游经济多元化发展的目的。沧州吴桥杂技节、中国汉牡丹文化节、中国廊坊·第什里风筝节、张北草莓音乐节、中国·邢台天河山七夕爱情文化节、中国崇礼国际滑雪节、秦皇岛北戴河轮滑节、保定国际空竹艺术节、承德鼎盛皇家灯会、石家庄平山沕沕水冰瀑节等入选“河北不得不赏的十大旅游节庆”，均已成功举办多届，知名度、群众参与度高，活动覆盖面广，社会影响力大，成为河北省的知名文化品牌。张家口崇礼森林音乐会、“红红火火中国年”年俗国际旅游季、冰雪运动狂欢、古堡民俗庙会，邢台市牡丹文化节、清河网络山楂花节、巨鹿红杏商务节、金银花节“云游古郡”，沧州市河间文化旅游季、驴肉火烧美食节，承德市金山岭网络杏花节等旅游节庆品牌已经粗具规模，在全省乃至全国享有一定知名度。此外，诸多主题活动也大大提升了旅游目的地的知名度和影响力，保定市在“文化和自然遗产日”举办的以“非遗传承 健康生活”为主题的系列活动，邢台市举办的“邢台人游邢台”万人自驾游太行系列活动，承德市举办的“云游金山岭”等活动，融旅游、文化、体育、科技等为一体，已经成为持续预热旅游市场、塑造旅游目的地形象的重要途径。

（五）改革创新，旅发大会强力推进

河北省致力于搭建省、市、县三级联动、统筹推进的“1+13+X”旅游产业发展大会平台机制，成功举办了五届省旅发大会、51场市级旅发大会，推出了“京西百渡”“秦皇山海”等一系列全域旅游精品片区。旅发大会的举办打造了一批全域型旅游片区和标志型新业态项目，形成了打造新业态、提升老景区、撬动社会资本、促进营销、激发消费的成熟机制，以及贯彻新发展理念、带动区域全面提升的有效手段，更成为全省全域旅游高质量发展的核心支撑。

自2016年首届河北省旅游产业发展大会举办以来，全省致力于充分发挥“旅发大会”的平台作用，以此为抓手，深入推进旅游业供给侧结构性改革，大力推进旅游项目建设，加快培育新型旅游业态，扩大优质旅游产品供给，推动重点旅游区率先发展、率先突破，大力推动体制机制改革，推进全省旅游业转型发展，全省文旅业进入了历史上发展最快、环境最优的时期。当前，旅发大会已成为共谋河北省旅游业发展，助推旅游业大跨越、大突破、大发展的盛会，是贯彻落实新发展理念、加快建设旅游强省的重要引擎和推动区域综合发展的重要平台。各地市高度重视对省旅游发展大会的承办工作，坚持高站位推进，成立由主要领导挂帅的工作指挥部、与省文旅厅筹备工作组相对应的工作专班，同时做好顶层设计，专门编制旅游产业发展大会总体规划与详细的实施方案，积极完成、精心筹备，文旅项目签约、旅游产业发展推进会议等主线活动内容丰富，卓有成效。

1. 创新旅游产业业态

近几年，河北省旅发大会的品质逐年提高、效益逐年提升，带动效应日益增强，形成了在全国乃至国际上具有较大影响力的品牌，在更大空间、更宽领域持续发挥了平台优势和市场“引流效应”，扩大优质增量供给，不断创新消费模式，培育龙头产品，引领和创造旅游消费的新需求。截至 2021 年 3 月，在省旅发大会的综合带动下，全省带动新建和提升重点项目 531 个，总投资 4100 多亿元，众多优质的旅游项目得到快速发展，这些项目产业带动力强、集聚效应明显、核心竞争力突出，对推动河北省文旅产业转型升级、高质量发展具有示范性和引领性。借力旅发大会的项目孵化作用，“旅游 +”战略得到持续推进，旅游与文化、农业、科技、教育等充分融合，新型的旅游业态、旅游发展模式被积极探索、打造，诸如中国马镇、多玛乐园等文旅业态多元、服务设施一流、参与性强、体验度高的主题乐园项目得以建成落地。此外，全省各地以旅发大会举办为契机，通过自主开发旅游 IP，建成了一批立足当地特色、传承文化渊源、驱动产业融合的旅游景区，实现了特色挖掘与旅游开发的有机统一，诸如将太行民俗、乡村美食、农家风情融于一体的易县恋乡 · 太行水镇，展示了千古白釉神韵、凸显千年邢窑文化的内丘邢白瓷文化旅游区，将传统景泰蓝制作工艺和文化旅游、有机农业、文创产业相互融合的廊坊水岸潮白田园综合体，将旅游与优美生态、历史文化完美结合再现“太阳照在桑干河上”美景的涿鹿桑干河生态文化旅游区，实现了历史与现代交融、文旅与生态共鸣的秦皇岛西港花园等。

2. 创新景区管理模式

在旅发大会的推动下，正定古城、西柏坡、金山岭、山海关、野三坡等省内知名景区在文旅融合程度、综合治理水平、宣传营销方式等方面有了新的突破，景区管理有了新的模式，老景区有了“新玩法”。正定古城投资41亿元进行全面修复提升，再现了“北方第一名郡”的风采；山海关景区实施了游客中心、停车场等144项工程建设，并通过引进战略投资者、加入金钥匙国际联盟，实现了景区设施和服务的全面升级；西柏坡片区提升了西柏坡纪念馆景区，打造了柏坡梦文旅小镇、李家庄美丽乡村等新产品，建设了旅游综合服务中心、生态停车场，使旅游功能更加完善、管理更加有序。兴隆山、祖山、清西陵、暖泉古镇等积极引入知名企业注资入股，聘请专业团队管理运营，高标准规划设计，高规格推进建设，实现了脱胎换骨，景区面貌焕然一新。

3. 创新会展服务模式

随着我国疫情防控进入常态化，创新会展服务模式已经成为推动行业加快恢复和发展的重要举措，线上会展带来了更加便捷、个性化的服务，是传统会展的补充剂、增强剂[42]。为做好疫情防控，河北省各级旅发大会积极创新会议形式，充分利用互联网、大数据、云直播等技术，推行“线上＋线下”双线发展模式[43]，实现智慧化运营，打造云展馆、云相册等数字化产品，采取线上直播、扶贫带货、云上购物等新媒体营销方式，实现了旅发大会“云观摩”、重点项目“云参观”、会议全程“云直播”。2020年9月3—4日在张家口举办的第五届省旅游产业发展大会，是新冠肺炎疫情暴发以来河北省举办的第一届省级旅游产业发展大会。大会期间，河北共有24个重点项目通过线上方式签约，投资总额达480亿元。同时，充分利用互联网、数据云等信息技术，实现了多个国家和地区的嘉宾、领导在线致辞、各大媒体平台实时同步直播，在线关注人数达3700万。中国文旅营销高端峰会暨第二届中国旅游映像汇、河北省文化和旅游产业高质量发展和产品创新展、旅游项目招商推介考察周、“京张体育文化旅游休闲带”发展论坛等特色活动举办均受到线上线下广泛关注，获得重大成功。

（六）联动发展，区域协同初见成效

河北省旅游产业发展注重区域联动、资源共享，加强与京津、辽宁、内蒙古等地区的互联互通，致力于共同推动区域旅游经济的高质量发展，打造知名旅游品牌和旅游目的地。京津冀文旅协同发展深入实施，三地规划、交通、标准、市场“四个一体化”迈向新阶段，五大旅游协同发展示范区积极整合京津冀三地旅游资源，不断推出主题旅游线路，联合开展线上线下联动的主题线路推介会，探索推出各类旅游指南和惠民一卡通产品，共同参加各类节庆和赛事活动，在人才交流合作、区域旅游帮扶等方面实现了互联互通。同时，河北省同样注重与辽宁、内蒙古等地区的旅游互联互通，2017 年 7 月内蒙古冀辽三地九旗县市成立了内蒙古冀辽旅游区域联盟，致力于推动冀北、辽西、内蒙古东旅游合作纵深推进，承德市双桥区位列其中。

1. 线路交织，织密“快旅慢游”交通网络

“十三五”期间，京津冀三地加快构建快速、便捷、高效、安全的互联互通的综合交通网络，致力于提升交通共建共享水平，京台高速北京段、京秦高速北京段、京昆高速北京段、首都地区环线高速通州大兴段、京礼高速兴延段、延崇平原段等高速陆续开通，大大缩短了京津两市游客赴冀旅游的路程，尤其是 2019 年 1 月，京礼高速平原段通车运营，北京游客前往张家口崇礼滑雪或观看比赛仅需要 3 小时左右。京津冀地区基本形成“四纵四横一环”的交通运输通道，形成京津石中心城区与新城、卫星城之间的“1 小时通勤圈”，京津唐保“1 小时交通圈”，相邻城市基本实现“1.5 小时交通圈”，建成了北京、天津、石家庄、唐山、秦皇岛 5 个全国性综合交通枢纽。“十四五”期间，将持续打造京津雄 0.5 小时城际通勤圈、京津冀主要城市 1 小时高铁交通圈，以交通先行实现的互联畅通，正在铺就京津冀地区全域旅游协同发展之路。

2. 优势互补，共塑京津冀区域旅游品牌

京津冀地区地缘相近，文脉相亲，近 21.6 万平方千米的土地上拥有 1 亿

多人口、200余处国家4A级以上景区，是我国北方规模最大、最具活力的旅游目的地之一，旅游资源丰富，拥有深化区域旅游合作最为雄厚的基础。事实上，早在2014年，京津冀三地便着手建立旅游协同发展工作会议机制，试图打破“一亩三分地”的思维定式，共同塑造区域旅游品牌。“十三五”开局之年，在京津冀旅游协同发展第六次工作会议上，京津冀三地17个县（市、区）公布了《京津冀旅游协同发展示范区合作宣言》，成立京东景区联盟、通武廊旅游联盟、国家旅游商品研发中心（保定）联合研发基地等联盟平台，京北生态（冰雪）旅游圈、京西南生态旅游带、京南休闲购物旅游区、京东休闲旅游示范区、滨海休闲旅游带等旅游示范区，满足游客的不同旅游偏好，助推三地旅游发挥特色、错位发展、合作共赢，共同构建京津冀旅游发展新格局，塑造区域旅游发展新形象。

3. 把握机遇，深化旅游产业交流与合作

北京冬奥会是重要的标志性活动，是展现国家形象、促进国家发展、振奋民族精神的重要契机[44]。作为冬奥会的联合举办地，张家口紧紧把握冬奥举办契机，以冰雪为媒，深化与北京的旅游产业交流与合作，推动协同发展，共享历史机遇，发挥冬奥会对当地旅游市场的溢出效应，实现冰雪赛事与旅游产业的相互促进[45]。

2020年1月，张家口市与北京市延庆区联合举办了以“冰雪容融迎冬奥，长城脚下过大年”为主题的2020年冬季文旅资源推介会，并在会上推出了8条涵盖两地70余种旅游资源点的旅游线路，分别为世园温泉之旅、舌尖延庆之旅、世园灯会之旅、滑雪亲子之旅、民宿年味之旅、新春赏灯之旅、森林探险之旅以及古城赶大集之旅。2021年5月，河北省非遗保护中心编制《北京冬奥会非遗旅游手册》，收录了京张地区百余项非遗项目，围绕“冬奥”主题，形成了一套相对完整的冬奥文化旅游体育线路指南。以冬奥会筹办为契机，河北省正在加快与北京的文旅交流与合作，串联京张旅游资源，强化整合包装，合力推动构建全域旅游新格局。

（七）强化监督，市场安全得到保障

河北省高度重视旅游安全，致力于完善技术防治手段，完善群防群治工

作体系，完善网格化建设，密织旅游市场防控网格，扎牢安全第一道防线，营造更安全的旅游环境。2017 年印发《关于开展旅游安全四大专项行动的通知》，2018 年印发《关于开展 2018 年旅游“安全生产月”和“安全生产燕赵行”活动方案的通知》，2021 年“五一”假期印发专门通知要求做好全省旅游景区玻璃栈道等高风险项目安全监管工作。同时，致力于在全省范围内持续开展旅游安全专项检查，重点对旅游交通安全、景区高风险旅游项目安全、旅行社带团、景区客流量控制等领域进行整治，加强对游客的安全知识教育宣传，并督导经营单位和主管部门制定突发事件的应急预案，完善应急救援措施。多年来，积极开展省市县三级执法改革，维护文旅市场繁荣稳定，完成进展情况居全国前列。

1. 严格规范旅游市场

首先，积极开展旅游环境整治专项行动，全面落实文旅市场综合执法改革任务。加强日常安全生产监督检查，构建权责分明、监督有效、保障有力的综合执法管理体制，严格规范文旅市场，整治覆盖广、力度大，涵盖重点工作进度、疫情防控、复工复产、安全检查、假日市场等，及时规范旅游企业行为，充分保障旅游公共服务质量与市场秩序。其次，推广应用全国旅游监管服务平台，及时查处整治突出问题，出台相关政策制度，强化对旅行社、文旅社会组织的管理工作，严格行业联合奖惩措施，确保旅游环境整治专项行动力度。另外，为保障文旅市场综合执法力度，石家庄市于 2020 年 5 月正式成立了文化市场综合行政执法局，“1+19”个市县级文化市场综合行政执法局格局已在省会构建。

2. 持续强化日常督导

持续加强日常巡查，强化督导检查，不断规范政策制度，建立并完善安全生产责任体系，指导文化旅游企业落实疫情防控、防汛抗旱、地质灾害、森林草原防火、安全生产、消防安全工作，配合消防部门指导旅游景区开展森林防火、汛期防洪应急消防演练。同时，强化对旅行社、公共文化活动场所、A 级景区、星级饭店等重点风险源日常管理，加强行业安全生产监管，加大安全生产执法检查力度，并定期开展宣传咨询日、安全月、消防月、全民应急安全知识网络竞赛等活动，定期组织复工复产、安全生产、双控建设培训。

3. 开展安全生产专项行动

牢固树立“安全第一”理念，聚焦文化、文物、旅游、广电和新闻出版市场等重点市场，积极组织开展文化和旅游市场集中整治行动，加快推进企业风险辨识管控和隐患排查治理机制建设。

全省陆续开展了“打非治违专项行动”“深化安全生产大排查大整治攻坚行动”“安全生产暗查暗访行动”“防范和化解重大风险行动”“复工复产安全生产大检查活动”“安全生产月系列活动”等多项安全生产行动。在春节、清明、“五一”、两会等重点时间节点，注重制订专项工作方案，开展集中整治，就安全生产、疫情防控等工作，深入一线督查指导，基本实现了省、市、县和文旅企业检查全覆盖。同时加强组织领导，细化工作方案，围绕重点环节，强化预警发布，提高应急处理水平，各地制订印发工作方案与应急预案，切实履行属地管理、部门监管和企业主体责任，加强协调配合，层层落实责任，确保全省旅游安全形势平稳有序。

二、短板分析，部分问题突出

“十三五”期间，在全域旅游战略实施背景下，河北省旅游产业硕果累累，国家级、省级全域旅游示范区创建成绩卓然，产业结构更加优化，产品种类日趋丰富，服务质量显著提升。然而随着旅游产业发展进程加快，各种问题正在凸显，全省文化和旅游发展不平衡不充分的矛盾逐渐突出，旅游供给与公共服务水平、文旅融合程度不够，难以满足旅游市场日趋多层次、多样化的需求，同时全域旅游发展的创新示范性不强，产业创新发展的支撑力和竞争力不够，缺乏有效的宏观管理，尚未形成“大旅游”一盘棋，旅游产业的窗口作用尚未凸显，与文旅资源大省的优势还不相称，与广大人民群众对美好新生活的期待还有差距。

（一）旅游供给体系有待提升

在全域旅游示范区验收标准中，旅游供给体系占 240 分，包括旅游吸引物、旅游要素和产业融合，是验收七大项中占分最高的一项。优质旅游供给是高质量、内涵式发展的产物，是产业转型升级的必要条件[46]，但目前河北省旅游供给体系亟待提升，优质的文化和旅游产品依旧不足。全省独特性、大体量的旅游项目缺乏，部分地市缺乏龙头旅游产品和必玩、必看的标杆景区。同时，旅游载体规模还不够，产业融合力度尚且不足，旅游产品的层级构建尚不完善，整体旅游产品市场呈现质量低、结构性差的特征，未能满足大众旅游市场和高端旅游市场的需求。

第一，虽然全省不断完善旅游产品体系，不断推出旅游新业态，但全省的旅游核心吸引物整体竞争力弱，仍存在精品景区少、产品业态旧、产业支撑缺、产品分布散、创新程度低等问题。同时存在旅游娱乐、旅游购物比重低的现象，与北京、上海、浙江等旅游强省、强市相比，消费带动力度严重不足。第二，目前全省旅游要素供给仍存在不均衡、无特色、缺品牌的问题，主要表现在旅游交通便捷度与通达度不高，旅游住宿同质化现象严重，旅行社经营活力不足，对特色旅游商品、旅游线路、夜间娱乐消费、特色餐饮开发程度不够等方面，亟须进行足量化、标准化、特色化、品牌化的升级打造。第三，目前全省旅游业与其他产业虽然进行了初步的融合发展，但整体上融合程度低、产业链条偏短，整体对资源的依赖程度较高，观光类产品多、休闲度假类产品少，对省内民俗资源、文化资源、乡村旅游资源的挖掘力度不大，旅游与文化、商贸、体育、科技、会展、演艺等的融合程度不高，“旅游+”和“+旅游”在深度和广度上发展不充分，对其他产业带动力弱，发展质量效益有待提高。

（二）文旅融合发展亟须深化

文旅融合被认为是开启全域旅游新时代的重要途径[47]，全域旅游示范区验收标准同样体现出“融合发展是撬动相关改革的突破口”的理念，文旅融合强调要将理念融合置于首要位置，牢固树立“以文促旅、以旅彰文”的理念，二者相互渗透、互为支撑，文旅融合已经成为新时代条件下满足人民对高品质旅游和美好生活追求的必由之路[48]。然而，河北省历史悠久，文化旅游资源丰富，高品级文化旅游资源众多，但文旅融合仍有待深化发展。

第一，文旅业态的整体开发质量不佳，市场主体发展水平不高，一些地市缺乏龙头文旅融合的精品项目，一些重要的文化旅游资源尚未得到充分挖掘和活化，文旅融合技术手段有待创新，夜间旅游产品开发不够，目前全省缺少在全国显著影响力的旅游演艺或文旅融合节庆活动，文旅项目大多"雷声大、雨点小"。第二，文旅业态的创新和引领性不足，文化和旅游融合领域还较为单一，合作深度有待提升，特色文化没有渗透到旅游体验的方方面面，无法形成"特色聚集—人流聚集—消费聚集—产业升级—特色创新—再聚集"循环式上升发展结构。第三，文旅业态的开发模式缺少创新，目前全省比较多的文旅业态是特色商街、仿古特色小镇，商业化严重，最终导致文创失去灵魂，欠缺像无锡拈花湾这样的精品文旅项目。

（三）创新示范作用尚需彰显

改革创新是国家全域旅游示范区创建的主线，示范引领是国家全域旅游示范区建设的目标，在全域旅游思路模式下，旅游被纳为区域带动、产业兴旺、扶贫开发、转型升级的重要引领产业[49]。从目前全省的全域旅游发展情况来看，尽管很多全域旅游示范区已经通过验收，但整体上全域旅游发展模式、发展路径、文旅融合、城乡共融、体制机制、业态融合、科技与服务等方面的创新性和示范带动性不强，没有在全省甚至全国形成可复制推广的模式，对区域综合竞争力的提升作用有待进一步加强[50]。旅游产业发展大会作为河北省全域旅游发展的一个创新路径，尽管很大程度上促进了区域经济、社会、文化等方面的快速发展，但也存在重形式轻带动、重会议轻项目、重速度轻品质、重会中轻会后等种种问题，亟须进行提升和创新。

（四）旅游便利化程度需加强

全域旅游的发展重在旅游便利化体系的构建，旅游公共服务是衡量旅游目的地成熟度和竞争力的重要标志之一[51]，在全域旅游示范区验收标准中占230分，是验收七大项中占分第二的一项，充分说明公共服务体系的建设对全域旅游发展的重要性。按照全域旅游对于旅游业大众化、产业化的要求来看，全省软硬件环境明显滞后，公共服务仍有待提高。

第一，"快进慢游"的全域旅游交通体系建设还不够完善。旅游目的地的可进入性受限，铁路、海运、航空等旅游服务能级偏低，干线公路等级偏低，高速公路未实现县县通，互联互通程度不高；旅游景区的交通通达度不够，许多景区“最后一公里”问题尚未解决，公共交通配备不足，进入景区难度大；交通承载力不强，每逢节假日客流量较大时，难以满足游客需求，常常发生拥堵现象。第二，许多旅游交通沿线和景区的基础设施建设滞后，旅游集散中心、大型停车场，甚至旅游厕所、标识系统、特色购物点等服务设施标准偏低；针对自助游、自驾游、房车露营地等的基础设施建设尚不完善。第三，全省智慧旅游体系建设滞后，智慧化管理落后，全省各个旅游景区在智慧旅游系统开发建设理念、标准等方面不统一，与互联网、大数据等的联系程度不够紧密，智慧管理、服务、营销仍处于起步阶段，导致智慧景区建设时出现发展不均衡、联系不通畅等问题。

（五）管理体制机制有待创新

旅游业是综合性的服务产业，涵盖了饮食、住宿、交通、游览、购物、娱乐等方方面面，实现对旅游业管理的过程是协调旅游产业与其他部门机构关系的过程，在全域旅游战略实施之际，旅游业不仅是各个产业的集合体，更成为串联区域内各个部门机构功能的中介载体，有必要持续深化全域旅游放管服改革、推动网格化综合执法改革[52]，提升文旅治理体系和治理能力现代化水平，实现对于旅游产业的管理体制机制创新管理，持续最大化发挥旅游产业的窗口、先导、服务作用。

目前，河北省对旅游产业的管理正伴随着全域旅游示范区建设在推进，但仍暴露出一些问题亟待解决。第一，旅游产业缺乏有效的宏观管理，旅游产业涉及面极广，饮食、住宿、交通、游览、购物、娱乐等各个系统林立，多头建设问题凸显，整体松散各自为政，旅游行政部门的权责有限，缺乏宏观调控的权力与手段，不足以对“大旅游”产业进行全面调控与管理。尤其是当旅游产业整体发展疲软、客源不足时，行业之间有效合作不足、同行业内恶性竞争加剧，宏观调控力度的缺乏极其容易导致旅游市场出现混乱现象。第二，旅游产业管理体制机制落后，直接导致产业结构发展不均衡，表现为产品类型单一、宣传营销路径与方式选择不当、文创产品进入市场难度大等。

当前河北省旅游业过度依赖游览类旅游产品，对于新兴旅游产品的开发力度不大。旅游宣传与营销过度依赖传统媒体或线上自媒体，旅游推介会、会展交流等创新性的旅游市场互推方式较为缺乏。同时，尽管省内举办了较多的旅游文创产品设计、推广比赛与活动，但由于在生产、销售、运输、包装等环节的问题，使文创产品落地难、流入市场难，优势难以发挥。

三、立足战略，明确发展方向

在双循环格局构建、全面深化改革推动、产业转型升级需求、京津冀协同发展、雄安新区规划建设、冬奥会筹办等重大历史机遇的背景下，在“质量强省”战略驱动下，“十四五”时期河北省要深入落实习近平总书记对河北工作的一系列重要批示指示，以创建国家全域旅游示范省为契机，突出“京畿福地 乐享河北”品牌形象，围绕全域旅游、文旅融合、供给侧结构性改革，以提升河北省旅游竞争力为核心，以实现旅游产业全域布局、旅游发展全域联动、旅游服务全域配套、旅游环境全域提升、旅游市场全面拓展、旅游成果全民共享为依托，以深入挖掘丰富的文旅资源、开发高品质文旅产品及打造文旅服务链条为着力点，面向京津、走向世界，全力推进全省全域旅游高质量发展，打造2.5天微度假环首都休闲度假旅游圈，建设雄安新区旅游创新发展示范区、张承国际冰雪运动休闲区，建设世界级城市群的“后花园”，满足人们日益增长的高品质生态文化服务产品需求，实现河北省文旅产业跨越式发展。

第三章　国内外全域旅游实践探索与启示

一、国外关于全域旅游发展的实践探索

国外全域旅游比国内发展相对较早，也比较成熟，在全域旅游领域的成功探索多集中于欧美国家。法国以城乡一体化为核心构建了乡村全域旅游发展模式，意大利依托主题廊道与文化串联提升全域旅游体验，西班牙针对“阳光与海滩”结构性问题，由以海岸、酒店、景区引领的点式发展向城市、区域环境综合治理转型，实现了旅游业发展与区域规划、环境治理之间的高度契合。新加坡是亚洲国家在全域旅游领域优秀实践的典型代表，通过政府引导城市建设、开展城市绿化、推进产旅融合、优化旅游公共服务等多重措施，合力打造“花园城市”，助推全域旅游快速发展。可以看出，不同国家发展全域旅游的路径、模式不尽相同。

（一）法国全域旅游发展模式

法国是乡村全域旅游最具代表性的国家，主要发展方向是依托乡村深厚而优越的地域文化开发层次完善、具有全域特征的旅游产品体系，并通过构建完善的公共服务体系、配套全面的基础设施形成城乡一体式全域旅游。法国极为重视乡村生态保护与文化挖掘，保证了旅游产品的原汁原味，并通过构建包括交通系统、标识系统等在内的基础设施体系和包括购物中心、综合医院、餐饮住宿等在内的公共服务设施体系，实现了旅游配套设施与服务的全域覆盖。政府通过加大投资力度、扶持各类乡村旅游协会组织等相关政策的大力扶持，最大化激活乡村全域旅游市场[53]。

（二）意大利全域旅游发展模式

意大利通过旅游主题文化廊道建设、精品旅游线路规划及旅游文化深度渗透，打造高质量全域旅游体验体系，其中典型代表地区是托斯卡纳大区和五渔村国家公园。托斯卡纳大区打造以佛罗伦萨、比萨、锡耶纳为中心节点的旅游文化廊道以及宗教文化、文艺复兴与双城文化交互体验式的旅游线路；五渔村国家公园依靠全域覆盖的铁路系统和步行栈道网、遍布全域的特色标志以及深度体验式的旅游产品和文化串联系统，最大限度地加深品牌影响力，让游客更好地进行文化享受与旅游体验。

（三）西班牙全域旅游发展模式

西班牙“阳光与海滩”始于20世纪60年代，以海滩、酒店和景区为增长极助推旅游产业发展。随着时间的推移，这种传统模式出现了耗能过高、成本浪费、环境承载超限、恶性价格竞争等弊端。为此，西班牙政府将发展模式以点向面扩展，一方面通过专项政策措施和产品体系整合，打造契合高消费能力游客群体的旅游需求的旅游产品和服务，在提升土地、景区利用率的同时解决成本、资源消耗困境，并实现旅游规划、区域治理与环境保护的三方协同，促使依靠海滩、酒店和景区的点式发展向以区域综合环境优化升级为核心的面式提升转变；另一方面通过《西班牙沿海计划》等系列政策的实施，海岸线得到修复的同时使海滨旅游与各类主题旅游产品有机结合，不断提升优势旅游产品的核心吸引力，推动“阳光与海滩”由以量发展向以质取胜的转变[54]。

（四）新加坡全域旅游发展模式

新加坡整体旅游资源较为匮乏，但依靠“花园城市”的打造，逐渐实现了全域可游的旅游环境。新加坡以政府为主导开展城市建设，依托强有力的法律保障和精细的城市规划，集中建设公园绿地系统和城市生态系统，实现城市立体式绿化，打造“东南亚绿洲”；注重产旅融合，积极为旅游产业搭建适配的产业链条，开创产旅融合的新局面；以城市旅游为导向整合公共服务设施，将城市建设和全域旅游有机结合起来，不断助推城市旅游公共服务体系的更新迭代，实现了公交、地铁和游览交通专线的全域覆盖，酒店、航空等票务系统查询与订购也极为便捷[55]。

二、国内关于全域旅游发展的实践探索

随着国外全域旅游的不断推进，国内全域旅游也在不断发展，各地区依据本地实际情况逐步形成了不同的发展模式。关于全域旅游发展模式的探索，国内相关研究主要有：沈仲亮（2016）提出的城市全域辐射型发展模式、全域景区发展型发展模式、龙头景区带动型发展模式、特色资源驱动型发展模式及产业深度融合型发展模式[56]；刘冬、王慧（2019）提出的大型景区带动型发展模式、旅游资源驱动型发展模式、中心区域辐射型发展模式和产业融合型发展模式[57]；石培华（2020）提出的综合发展型发展模式、交通依托型发展模式、核心景区型发展模式、特色村镇美丽乡村型发展模式、城市依托型发展模式、特色产业依托型发展模式[24]。可见，国内全域旅游发展路径不尽相同，发展模式也趋于丰富。

（一）龙头景区带动型

龙头景区带动型全域旅游发展模式的核心是优势资源和优势景区。龙头景区带动型将优势资源和景区作为带动区域全域旅游发展的核心要素，科学合理地对重点景区进行旅游发展规划，通过不断提高优势景区的吸引能力和服务效能，最大化发挥其辐射效应和旅游拉动作用。围绕优势景区开展高质量公共服务与基础设施建设，以重点旅游资源为中心规划旅游产品，构筑以优势景区为轴心向周边旅游产业辐射的全域旅游格局，进而带动区域共同发展。优势景区带动型发展模式有利于最大化优势资源的品牌价值和辐射效益，打造地区名片，带动全域旅游高质量发展。依托优势景区的带动效应，为乡村扶贫振兴造血赋能；推动优质资源旅游吸引力的快速提升，能够助推优势旅游景区管理质量、服务水平及智慧建设的再升级，引领周边旅游区综合服务的提质升级，助推全域旅游的体验优质化、服务品质化、管理规范化。

龙头景区带动型发展模式适用于具有较高旅游资源禀赋和潜力的区域，或者拥有较高知名度的旅游目的地。这些区域以龙头景区和资源优势为撬动点开展全域旅游规划建设，推动地区旅游产业与相关产业的有机融合，强化

旅游区管理水平与质量，形成全域旅游由点到面的辐射式发展格局。国内以龙头景区带动推进全域旅游发展的地区有湖南张家界、浙江嘉兴乌镇、四川都江堰等地。

四川省都江堰市坚持以优势景区为核心，开展公共服务体系建设、落实制度政策保障、加大资金投入与品牌提炼宣传，为全面开展四川都江堰全域旅游助力[58]。都江堰市推进全域旅游发展过程中主要有以下做法：以优势景区都江堰景区、青城山、南桥为轴心进行旅游体制改革，建立“1+3+N”旅游保障与监管机制；加强优势景区发展资金与政策支撑，都江堰市陆续出台《都江堰市加快促进旅游主导产业转型发展的政策措施》等 14 个政策性文件，并设立旅游发展专项资金库和文旅产业发展基金，助推都江堰全域旅游发展[59]；着力优化升级全域旅游服务要素，开展“厕所革命”、构筑集散服务网与全域旅游智慧服务平台，全方位优化全域旅游服务质量；立足于本地得天独厚的资源与文化基底，深度挖掘旅游资源内涵，高标准建设精品遗产观光旅游产品，集中打造康养休闲、运动娱乐、遗迹考古等全域旅游产品体系；以都江堰为城市名片，创立品牌效应，提升对外开放影响力与国际知名度，以国际主题会展为平台，以熊猫文化为核心开展高质量宣传推介。都江堰以“旅游主导，国际视野”的全域旅游理念，实现了由“5A”观光型旅游景区向“5A+”全域旅游景区转型。

（二）文旅深度融合型

文旅深度融合型全域旅游发展模式以区域深厚文化为抓手，助推区域文化与旅游的深度融合来推进全域旅游的高质量发展。坚持全域旅游的发展理念，深入挖掘地方文化内涵，以旅游为载体进行文化展示创新，以文化为灵魂增强旅游体验和层次，并以文化为中心推动旅游跨界关联相关产业、领域，从而带动区域协调发展[60]。文旅深度融合型发展模式有助于展示地区特色文化，释放地区特色文化的时代新价值，以文化为全域旅游铸魂，通过助推文旅融合来开拓全域旅游新局面，为地区全域旅游的高质量发展增加文化动能。

文旅深度融合型模式适用于具有历史悠久的文化圣地，诞生过具有极高影响力的文化名人，或具有丰富的文化遗址、古建筑群落等旅游资源的地区，通过打造极具特色的文化旅游产品，构建全域旅游文旅新业态，优化文旅产业结构，构建优质的文旅产业体系，把文旅产业打造成区域的战略性支柱产业，以实现全域旅游的高质量发展。国内以文旅深度融合推进全域旅游发展的地区有江苏南京秦淮区、山东曲阜等地。

南京市秦淮区拥有厚重的城市文化底蕴和丰富的城市旅游资源，近年来秦淮区围绕南京六朝古都文化、金陵文化、朝堂文化、寺庙文化、科举文化、城墙文化、民俗文化及园林文化等构建秦淮文化集合。依托优质丰富的城市文化和报恩寺、秦淮河、明城墙、白鹭洲、夫子庙、月牙湖、新街口等丰富多样的旅游资源，构建“文旅一体，开放共享”的城市全域旅游发展新格局，创造了全域旅游高质量发展的“秦淮样板”。首先，秦淮区聚焦城市文化建设，传承城市古老文化底蕴，培育城市现代文化新业态，紧抓城市厚重的文化优势，加速秦淮区文旅融合的步伐，重塑秦淮文化旅游新格局。如开启“报恩盛典”实景演出、金陵文化戏园、夜游秦淮河等文旅活动，打造“夜泊秦淮”主题文化民宿、转角·遇见：王昌龄饮宴处等文化旅游产品，整合秦淮老字号、秦淮夜宴等文旅行业品牌，彰显秦淮风雅，讲好秦淮故事，推进秦淮区文旅再融合，将南京市秦淮区打造为具有浓厚“秦淮印象”的全域旅游城市[61]。其次，秦淮区依托自身资源与文化优势，开展城市全域旅游综合管理改革创新试点工作，将全域旅游作为城市优质发展的重要抓手，建立保护更新老城、开发建设新城的基本思路，让古城文化与全域旅游深度融合起来。通过大力推进老城区保护建设，统筹区内老城区的整体格局、文遗留存和历史地段，重点保护老城区资源与周边生态，全面保护城区空间与肌理，做到应保尽保；积极推进城区全域旅游资源项目开发与新城区建设，构建秦淮区文化旅游重点项目库，围绕科举博物馆、城墙博物馆、门东门西历史文化街区、大报恩寺遗址公园、南部新城艺术中心等打造系列全域旅游产品。最后，秦淮区积极推进城市治理体系改革，提升全区文旅环境，如将水生态环境治理与保护作为秦淮区全域旅游重点工程，构建月牙湖、秦淮河、玉带河“三湖六河”全域水环境串联带，打造城市“水系花园”，实现本地市民休闲养生与外来游客旅游观光的功能统一。全力推进城市全域旅游配套服务系统的建构与城市治理工作，围绕重点景区全面建设城市旅游专线、景观步道等交通串联系统，推进“厕所革命”、旅游标识系统建设、餐饮食宿整治、城区绿化等治理工作的深度落实，为秦淮区文旅融合提供了坚实的环境保障[62]。

（三）景域一体共建型

景域一体共建型全域旅游发展模式强调“全域全景、全时全季”，将区域看作一个整体性的景区，通过发挥区域整体优势和景域一体的整合作用，促进区域内的交融与互通，实现区域内旅游资源共建共享、优势互补，进而充分发挥各个地区的旅游优势，提升区域整体竞争力。如云南省腾冲市，坚持“腾冲只有一个景区，这个景区叫腾冲”的创建思路开启全域旅游创建工作。景域一体共建型模式有利于全域资源的共建共享，发挥各部分优势实现整体性跨越，助推全域旅游资源的高效、合理配置，最大化全域旅游的整体效益；有利于构建“全域亮点星罗棋布、旅游点位多点闪耀”的发展布局，实现“景区全域化、景点差异化、景域一体化”，也有助于推进旅游规划与区域内土地规划、环境规划、城市规划多规合一，实现区域共同发展。

景域一体共建型旅游发展模式适用于区域内拥有较为良好的生态资源环境禀赋且旅游资源在全域范围内均匀分布、各有特色、能够实现旅游资源优势互补的区域，或者相互毗邻，具有同类型的旅游资源，能够对外形成统一的旅游形象标识的区域[63]。通过全域全景式的旅游目的地打造，促进全区域整合、全景化建设、全社会参与、全产业融合，形成“全区是景、全时看景、全季有景”的全域旅游环境。国内通过景域一体共建推进全域旅游发展的城市有山东青岛、福建厦门、辽宁大连等地。

福建省厦门市拥有良好的旅游资源和产业发展基础，是中国旅游业发展的先行者和排头兵。厦门借入选全国第二批国家全域旅游示范区创建单位的契机围绕全域旅游开展顶层设计与创建工作，取得了较为良好的成效[64]。厦门市借助良好生态环境和滨海城市的先天优势，将全域作为整体景区来推进全域旅游创建工作，构建区域一体、行业互通融合发展机制，开展“城市建设多规合一”专项规划，将全域旅游与城市建设有机结合起来；坚持“主客共享”的发展理念，构建全域共享的基础设施体系，包括旅游巴士、景区直达列车与连接全域的地铁系统；积极开展全域旅游公共服务体系建设工作，提升服务品质，完善旅游市场监管，如开展旅游公共卫生与生态文明建设，全市旅游厕所实现“高效节水、低碳排放、生态循环”，并将厕所定位系统纳入“厦门全域旅游”App，实现旅游资源全域共享、旅游出行全民便捷、旅游设施全民满意；结合实际情况，厦门市贯彻落实“全域旅游，跨界融合”理念，深度挖掘本市旅游产业特色，提升海峡游、滨海游、闽南文化游等特色项目的吸引能力，积极推动“旅游+”产业全域融合，发挥各区优势资源、特色产品的作用，在全市全域一体化发展的前提下实现一区一特点、一区一风格的差异化发展格局[65]。厦门市将全市作为一体式景区开展创建工作，是全域旅游层面上的有益探索，为全国全域旅游贡献了“厦门智慧”。

（四）特色资源驱动型

特色资源驱动型全域旅游发展模式以区域内丰富优质的自然资源和人文资源为基础，以具有鲜明特色的地方资源为内核，如民俗资源、自然资源、文化资源、红色资源及农业资源等，通过旅游开发使全域旅游与特色资源有机结合起来，实现区域旅游形象和特色旅游文化的塑造，助推全域旅游产业的发展和社会经济的进步。特色资源驱动型发展模式有利于充分挖掘本地特有资源的文化与价值，将传统的资源优势转化为新型发展动能，带动区域全域旅游的快速发展；有利于激发乡村旅游资源发展潜力，为乡村振兴与产业转型提供动力。

特色资源驱动型模式适用于具有鲜明特色的旅游资源的区域，不仅仅要将旅游资源作为吸引游客、提高旅游收入、发展当地产业和经济的具象实物，更要求旅游地深挖旅游资源的文化价值，围绕其文化性缔造高质量的文化品牌，传递丰富多样的文化信息，丰富旅游业态和产业发展模式，形成本地全域旅游特色。国内以旅游资源驱动推动全域旅游发展的城市有山东寿光、山东招远、浙江义乌等地。

山东省寿光市依托独特的旅游资源，叫响“农圣故里，文明寿光”的旅游品牌，加速旅游业与当地极具特色的农业、工业、文化产业和海洋产业等特色产业的融合互通，发展特色资源旅游，打造特色产品业态，推动了全域旅游的快速发展。寿光作为全国著名的农业发展大县，积极打造“蔬菜之乡”“海盐之都”两张城市名片，围绕高端农业大力发展创意旅游，建设了以诚生态农场、寿光市蔬菜高科技示范园、绿园农庄、林海桑葚等系列农业旅游精品项目，积极创建国家级农业旅游示范点、山东省农业旅游示范点以及山东省生态休闲农业示范区，实现了从农业观光型向休闲度假、体验娱乐、研学教育综合型转变[66]；不断推进本地工业优势与全域旅游的有机结合，依靠菜央子盐场、光大能源等品牌优势，打造新型工业旅游，积极创建山东省工业旅游示范区和山东省旅游商品研发基地，培育出一批如文博会旅游商品展、荷花节旅游商品展等特色旅游商展活动并研发出品类丰富的旅游商品；围绕本地特色文化，如“三圣文化”、红色文化、海洋文化、民俗文化等，积极打造特色文化旅游，推出了湿地文化艺术节、荷花节、乡村采摘节、旗袍文化艺术节、林海祈福庙会等30多项文化节会旅游活动，打造了以“造字之地，文明起源”为主题的“东夷文化追溯游”旅游线路和以“寻遗址，观盐田”为主题的“中国海盐之都游”旅游线路。寿光把特色资源作为全域旅游的重要抓手，在本地一、二、三产业上发掘特色，推动与旅游业的深度融合，形成了特色资源驱动全域旅游发展的良好局面。

（五）全域产业融合型

全域产业融合型全域旅游发展模式的本质是推动全域产业“旅游+”和“+旅游”，通过旅游产业与其他相关产业的有机结合，深推“旅游+生态”“旅游+农业”“旅游+工业”“旅游+宗教”“旅游+贸易”“旅游+科技”及“旅游+体育”等融合发展，培育出如生态休闲、乡村旅游、科技会展、赛事旅游、康养旅游、情感旅游等多种形式的旅游新业态产品，让产旅融合成为全域旅游与区域产业发展的新引擎。全域产业融合型模式有利于旅游产业与其他相关产业的快速融合，打造多类型的全域旅游业态，丰富当地的全域旅游产品体系，带动关联产业的优化升级，最大程度拓展旅游产业链，实现全域旅游“1+1>2”的化学反应。

全域产业融合型模式适用于当地各类产业发展都较为成熟的区域。通过深度挖掘区域文化旅游资源，发挥旅游产业关联性、带动性强的优势，与相关产业进行创新性融合，大力开发诸如农业旅游、工业旅游、科教旅游、红色旅游、古镇旅游等丰富的全域旅游产品，积极建立“旅游 +”产业融合机制，为地区产业结构转型和全域旅游的高质量、可持续发展赋能。国内以产业深度融合推动全域旅游发展的城市有南京江宁、浙江安吉、湖北咸丰等。

湖北省恩施土家族苗族自治州咸丰县全力创建“旅游 +”发展模式，推进旅游产业与相关产业的深度融合，将区域内旅游产业与美丽乡村建设、传统文化、红色教育、商务会展及医疗行业等有机结合，促进了全域旅游的跨越性发展[67]。咸丰县推进农业观光游模式，加速现代农业、休闲农业、实践农业的步伐，并与旅游业结合建设农业展览、作物生产体验等项目，让旅游业深度融入美丽乡村和田园小镇综合体建设中去；深度挖掘本地特色文化，如祠堂文化、革命历史文化和土司文化等，推出了家训文化园、唐崖土司文化旅游节、忠堡大捷、清坪龙潭司红色遗址和研学旅行营地、“官坝—杨关大道—丁寨—坪坝营”等百里干栏建筑长廊等一系列旅游精品产品；积极打造完善的商业旅游服务体系，针对咸丰商业街区、旅游购物综合体等进行重点建设，开发具有当地特色、创意十足、实用性强、性价比高的旅游商品，如土司宴、花背篓等，在吸引游客的同时进行文创增收和文化传递[68]；大力发展康养旅游，一方面利用“华中药库”的丰富资源和知名度进行中医药品牌建设，将资源优势转化为商业优势，开展“旅游 + 医疗”产业建设；另一方面全力开发康体健身项目，如水上漂流、山地骑行、野外探险、户外健步及温泉疗养等，实现旅游与医疗运动产业的深度融合[69]。

（六）城乡融合统筹型

城乡融合统筹型全域旅游发展模式是在城乡融合发展的时代背景下，以全域旅游发展和城乡融合为基本导向，全力推进城乡之间的资源要素流动，重组各类资源优势，将旅游资源最大限度转化为经济效益，从而助推全域旅游的高质量发展。在全域旅游创建过程中，城乡融合统筹型发展模式强调城市带动农村，农村反作用于城市，实现城乡一体式发展，要求整合城乡共同的旅游资源，着力推进人力、资金、信息等要素的合理流动和资源的合理配置，实现城乡旅游资源的准确定位，推动城乡旅游合理分工，积极推进城乡产业融合与城乡环境共建共享。

城乡融合统筹型发展模式适用于产业结构亟须优化、城乡发展水平不均衡、产业与资源水平不匹配的地区。一方面，通过城乡统筹政策、城乡产业融合、城乡差异化分工、城乡环境共建等系列措施来提升区域建设的全社会参与程度与产业融合程度，推进城乡一体化建设，加快消除城乡二元结构的步伐；另一方面，积极对接全域旅游市场，统筹开展旅游目的地建设，实现城镇建设和乡村振兴的双轮驱动。国内较为典型的城乡融合统筹促进全域旅游发展的地区有河南修武、云南石林彝族自治县等地。

河南省修武县原是人口不足30万的小县，产业基础薄弱，经济发展水平低，但整体旅游资源丰富，包括汉献帝寝陵、浊鹿城遗址、胜果寺塔等文物保护单位，孔子周游、药王采药、竹林七贤等文化典故在内的历史文化资源，自然资源则拥有国家5A级旅游景区云台山。近年来，修武通过美学经济引领，促进城乡融合，助推了全域旅游高质量发展。美学产业是修武产业转型升级和县域经济融合发展的新引擎，以美学产业为核心，修武着力整合统筹一二三产业，围绕山水美学、传统美学、建筑美学打造产业集群，例如，围绕服饰美学打造汉服产业集群；以云台古镇为载体，举办“永不落幕的汉服节”，建立汉服文化体验店、汉服博物馆，同时大力引进和重点培育与汉服相关的生产企业。实现城景融合统筹，整合城区景区产业布局，在城区，发挥修武千年古县厚重的历史文脉优势，重点开发文化感知游项目；在景区，以山水景区转型升级为主线，重点布局高端体验、休闲度假游项目[70]。以全域旅游为基本导向，着力推进城乡一体式发展格局，将新型城镇化建设与乡村振兴结合起来，全力推进城乡一体化发展，在城乡规划、产业结构、生态建设方面进行统筹布局。加强修武党建工作，为城乡可持续发展提供基础保障，在城乡统筹引领下向乡村倾注更多人才与资金支持，通过政府部门与旅游产业的联动效应，为城乡协调发展提供可持续支撑，助推修武全域旅游的高质量发展[71]。

（七）特色村镇建设型

特色村镇建设型全域旅游发展模式以高知名度、高质量、高游览价值的特色村镇资源为核心，以乡村民俗文化、绿色生态资源、农旅产业融合为基本依托开展全域旅游建设，将美丽乡村建设与全域旅游深度结合起来，实现当地旅游业的优化升级，带动当地村镇的经济振兴和旅游产业的融合，营造文明整洁、生态优美、文化突出、体验优质的美丽乡村全域旅游环境。特色村镇建设型发展模式有利于推动本地村镇经济发展，提高当地居民生活水平，带动当地共同致富；有利于促进旅游产业与其他产业的深度融合，快速拓展旅游产业链条，实现“旅游+”和“+旅游”体系的快速构建，实现全域美丽乡村建设与全域旅游快速发展的“双轮驱动”[72]。

特色村镇建设型发展模式适用于当地特色村镇资源丰富、有深厚的乡村文化内涵的区域，通过乡村文明重塑、乡村传统文化创新，发掘乡村潜在的发展潜力，开发乡村丰富的旅游资源，展现乡村旅游魅力；通过乡村旅游治理体系的优化升级，提高乡村整体生态环境，提升乡村旅游资源的生态承载力。国内特色村镇建设驱动全域旅游发展的典型地区包括浙江桐庐、新疆昭苏、海南琼海、江西婺源等。

浙江省桐庐县立足当地特色村镇资源和文化，大力发展全域旅游，建设美丽乡村，营造“处处是景观、村村是景点、全县是景区”的全域旅游环境，构建“处处是风景，时时可旅游”的全景桐庐。在县委、县政府的积极推动下，桐庐开启“全域旅游，桐庐先行”，将美丽村镇风光进一步优化升级，提升乡村旅游品质体验；积极有序引导农民工返乡创业，开展产品创新，开展农产品采摘游、农业生产体验游等一系列乡村旅游产品，提升旅游知名度，鼓励本地村镇居民集体或自办旅游民宿，多措并举支持乡村旅游项目建设，提升桐庐美丽乡村建设的活力与实效[73]；积极推进乡村特色游的“旅游+”产品体系开发与完善，打造以运动探险、康养休闲、农业庄园为主题的全域旅游美丽乡村系列产品，全县现已开发如瑶琳安哥拉农业庄园、呱呱叫欢乐农场田园综合体、富春山健康城、江南养生文化村、芦茨乡村慢生活体验区、合村生仙里景区等特色乡村旅游项目，开展空中滑翔、水上漂流、高山滑雪、乡村康养、村景村情、运动竞技等一系列特色活动，极大程度延伸了乡村旅游产业链，为全域旅游乡村建设注入了新鲜血液与持久动力[74]；围绕乡村开展桐庐旅游精品品牌建设，如桐庐县合村乡积极打造田园风情带、民俗文化带、民宿集聚带、运动休闲带等精品产业带，助推乡村景区的精品化、一体化与多样化，打造了以美丽乡村建设促进全域旅游发展的“桐庐样板”。

（八）城市全域辐射型

城市全域辐射型全域旅游发展模式以一个城市长期以来所塑造的整体城市景观、城市印象、生活方式及城市中的旅游环境作为主要旅游吸引物，强调依托城市功能，构建“城市即景区，城景一体化”的全域旅游格局。城市全域辐射型发展模式要求充分发挥城市的多重功能，通过依托城市商业区、社区、文化休闲区、产业集聚区等多重功能区的叠加效益，加速城旅融合进程，实现居民与旅客的旅游资源共享，助推全域旅游的快速发展。城市全域辐射型发展模式有利于促使城市管理建设与全域旅游创建工作互通互补，同时有利于城市生态环境的恢复、城市遗存的保护与开发，形成以城市建设助推全域旅游，以全域旅游提升城市形象的互利共赢美好发展局面。

城市全域辐射型模式适用于知名度较高且具有较完备的配套服务、基础设施，拥有浓厚的特色文化底蕴的城市。通过城市名片打造，深度挖掘现代城市精神娱乐、游憩休闲等多重功能，培育独特而丰富的城市文化，助推城市产业结构的优化升级，加速城市经济发展动能新旧转化，促进城市资源配置更加合理。国内城市全域辐射促进全域旅游发展的典型地区包括重庆渝中区、上海黄浦区等地。

重庆市渝中区作为重庆市母城与主城区核心，拥有悠久的历史与独特的文化资源优势。自2016年成为国家全域旅游示范区创建单位以来，渝中区将全域旅游创建工作作为战略重点，积极打造“近者悦，远者来”的全国知名都市旅游目的地，走出了一条“以文为魂、商旅融合、城景一体、主客共享”的都市型全域旅游发展之路。近年来，渝中区立足重庆“母城”优势，以城为根，坚持传统与现代化的有机结合、市井文化与繁华都市的交织发展，在传承城市历史文脉的基础上打造了一批如十八梯、白象街、鲁祖庙、戴家巷、金汤街、春森路等彰显山城特色的传统风貌区、山城老街区和特色老社区[75]。文化产业也是渝中区全域旅游发展的重要引擎，渝中区以文兴旅，依托底蕴深厚的城市文化、巴渝文化、码头文化、红色文化等，打造城市文化旅游和民俗文化旅游等多条精品旅游线路，构建了一批如洪崖洞民俗街区、李子坝抗战遗址公园、中山荟文化产业园、湖广会馆、重庆书城、巴渝文化会馆等城市文化旅游产品，有效激活了城市文化元素；围绕全域旅游积极开展城市建设，建立健全渝中区全域旅游规划体系和城市规划体系，提升全域旅游供给与服务水平，加强市场监管，优化旅游环境，以文旅高质量发展为核心，以城市优质建设和高质量发展为抓手，着力提升基础设施建设和信息服务水平，逐步将渝中区打造为现代服务业引领区、历史文化名城示范区以及全域旅游美好城市示范区，进一步彰显了“母城渝中”的独特魅力。

（九）资源城市转型型

资源城市转型型全域旅游发展模式强调以调整产业结构和转变经济发展方式为着力点，通过充分挖掘本地各类优势，整合资源，合理规划调整，将旅游产业培育为资源城市转型产业和城市可持续发展的新兴优势产业，带动区域经济健康全面可持续发展。资源城市转型是城市发展全域旅游、推进产业经济优化升级和可持续发展的重要方式，有助于城市重塑发展生态，减少资源损耗，获取新生动力，形成“资源转型—全域旅游—产业升级—绿色发展”的发展闭环。

资源城市转型型发展模式适用于依靠传统资源优势或动能发展的城市，这些城市在传统发展模式下往往面临资源损耗过重、濒临枯竭、发展动能不足的问题，立足资源枯竭城市的“本底文化”根脉，从传统产业转向全域旅游，通过资源整合转型和产业结构调整，将旅游产业培育成新型的发展支柱产业，成为助推城市更新迭代的新兴趋势和走出困境的必然要求。国内典型的资源城市转型推进全域旅游发展的地区有山西阳城、内蒙古包头、甘肃兰州红古区等。

山西省晋城市阳城县原以煤炭为主导产业，伴随着国家经济结构调整和能源结构优化升级，阳城开始在旅游产业上发力，高质量推进全域旅游发展，坚持“一个统领、两大建设、三个融入、四个结合、五个坚持”的全域旅游发展路径，依托县城、皇城相府、蟒河、析城山四大景区开展田园城市建设和美丽乡村建设，在全县范围内形成“一城一园一带四区”的全域旅游空间格局。全域旅游发展在县境内全面推进，逐步形成了以皇城相府为核心吸引物、周边生态旅游、农家乐齐头发展的局面，实现了美丽乡村连片发展[76]；打造“古堡名县”名片，围绕皇城相府、天官王府等古堡开展旅游项目建设，以皇城相府景区为核心，形成了以皇城相府、海会寺、郭峪古城、天官王府、砥洎城等为代表的古堡古村落旅游观光体系；建设蟒河镇文旅康养产业项目、蟒河生态休闲区等旅游项目，推进析城山、天官王府、蟒河三大景区提档升级；坚持农旅结合，提出“坚持围绕旅游抓农业、围绕农民抓旅游、围绕农村做业态”的发展思路，推进田园城市和美丽乡村建设，在全县重点打造“家园美、田园美、生态美、生活美”的美丽乡村，新建“休闲、观光、示范、教育、创意”多功能农业园区，将休闲农业观光与乡村旅游结合起来，培育为阳城县域经济发展的新引擎[77]；通过文化、农业、工业、体育与旅游产业的深度融合打造丰富的全域旅游业态，在全县形成了古堡古村落观光旅游、山水休闲旅游、农家乐旅游、休闲农业旅游及特色民俗旅游等多重旅游业态叠加的良好格局，真正让旅游产业成为当地乡村致富、城镇发展与产业结构转型的核心产业，成功打造了从煤炭经济转型全域旅游的“美丽阳城”。

（十）全域综合发展型

全域综合发展型全域旅游发展模式依托区域内多个核心景区、核心村镇或城镇作为旅游吸引物，通过多吸引极的打造和联动效应，形成全域景观串联。全域旅游的综合发展强调以富集优质、全域分布的旅游资源为基础，丰富的产业业态和完善的配套服务设施为保障，建设多点多级支撑的全域旅游目的地。全域综合发展模式有利于区域的综合发展，使区域内涉旅资源和配套设施得到全方位提升；有利于打造城市名片，建立区域品牌，提升区域综合知名度；助推全域旅游资源由点向面的辐射升级，以最优势点带动次优势点，实现全域旅游资源及产业的综合提升[78]。

全域综合发展型模式适用于拥有多个核心旅游资源、旅游景点或其他旅游吸引物，有建设旅游胜地或全域旅游示范区潜质的区域。通过有机整合区域的涉旅资源，充分利用旅游吸引物全部要素，全方位满足游客的旅游体验需求，创建高品质的全域旅游环境；通过创新区域各部门、各行业全域共创共建机制，实现全域旅游发展成果和社会的共治共享。国内通过全域综合发展成功创建全域旅游示范区的地区有广东增城、贵州惠水、贵州盘州等。

广东省广州市增城区共有国家A级景区8个，拥有4A级景区白水寨景区，成功创建大埔围美丽乡村景区、二龙山花园和1978电影小镇3个国家3A级景区，拥有丰富优质的景区资源基础[79]。近年来，增城区依托多核心景区优势，由点到面全方位推进全域旅游创建工作，增城区政府以全域旅游为导向开展旅游规划编制工作，坚持多规合一，逐步推进区内各景区创建与管理工作，加快旅游招商引资进度，大力引进旅游资本，在全区范围内开展重点旅游项目创办工作[80]；完善旅游基础设施系统和配套服务体系，现全区已建成多家星级酒店和如阅季民宿、幕吉云溪、云水间、柒舍里、吾乡石屋等多处精品民宿产品，建设覆盖全域的旅游交通标识牌、全域全景图、旅游厕所等，积极推进交通步道系统和游览专线建设，搭建全区绿色道路网，通过全区旅游节点的串联推动全域旅游由点向面的综合发展，在全区营造良好的全域旅游服务环境；积极打造生态增城，全面开展城区森林公园、生态公园、景观绿道和自然生态保护区建设，对荔湖等水域开展重点保护，森林覆盖率与绿化率不断提高，力争将增城打造成广州市的生态后花园、珠三角的翡翠绿洲；不断探索增城旅游产业的发展形态与模式创新，推动全区旅游与农业、工业、生态、信息技术及文化产业的深度融合，构建绿道游、乡村游、文化游、生态游、科技游等丰富的主题旅游业态；鼓励文创产品开发，大力引进资金，打造1978电影小镇、白水寨文旅小镇等全域旅游品牌项目，成为广州市文旅融合世界级地标，为全域旅游的发展与探索贡献了增城智慧[81]。

（十一）交通系统串联型

交通系统串联型全域旅游发展模式主要利用交通线路或者依托河流、山脉等自然地势构筑完善的道路网络，将区域旅游景区与节点串联起来以构筑廊道式的全域旅游区。交通系统串联型发展模式强调打造覆盖全域的交通网络，并且在此基础上叠加完善的公共服务设施网络和全域旅游产业链，通过沿线景区与产业的带动作用，助推全域旅游的高速发展。交通系统串联型发展模式有利于全域旅游资源的快速整合，通过节点串联深度挖掘优质景点的旅游潜力，最大化发挥沿线景区的全域旅游价值；有利于激活交通遗产的重要历史文化价值，助推历史古道沿线精品旅游产品开发和历史文化价值的挖掘[82]；旅游风景道、公园绿道等栈道系统的建设为当地乡村振兴与旅游发展带来活力，有利于提振沿线经济发展。

交通系统串联型发展模式主要适用于区域内旅游资源丰富且均匀分布、产业与基础设施发展较为成熟的地区，要通过便捷的交通系统和覆盖全域的公共服务网络，带动沿线产业的快速发展，加快相关产业与旅游产业有机融合的进程，拓展当地旅游产业链，提升游客的出游体验，助推旅游产业的结构转型与优化升级，为全域旅游的发展提供持续性动能。国内依托交通系统串联开展全域旅游工作的典型区域有贵州赤水、河北张北、广西桂林等。

贵州省赤水市通过旅游交通网构建工作，实现了全域旅游的跨越式发展。通过构建全域旅游交通网络，全方位构建水路、陆路、航空三位一体的立体式交通格局，疏通赤水市全域旅游的线路系统，逐步形成了快进慢游、高效便捷的交通道路系统与完善的配套服务体系，为游客提供了高效便利的全域旅游快车道[83]；通过赤水河谷构筑旅游道路系统，2016年沿赤水河建成全国第一条旅游河谷公路，全长达到160多千米，并且沿赤水河谷建成全国首条骑行绿道，共经13个国家4A级景区，形成了“赤水河—旅游公路—骑行绿道”的全域旅游节点串联条带，沿线还布局了食宿餐饮、运动休闲及文娱购物等多重产业业态，构筑了集交通、游览、观光、商业和服务于一体的综合旅游廊道；通过完善旅游环线交通、专线交通直达、远距离游客地接转运等构建旅游交通服务体系，努力推进旅游咨询服务、接待服务的提质升级，满足不同距离、不同目标游客的需求[84]；完善配套交通与服务网络，设计精品旅游路线，深度释放品牌旅游地价值；加速开工建设赤水市旅游观光轨道，构建赤水游客中心至赤水各个风景区快速通道，为游览观光者展示了全域旅游的“赤水速度”，用交通网络串联起赤水市全域旅游的“毛细血管系统”。

（十二）全域生态保护型

全域生态保护型全域旅游发展模式以生态保护与管理为切入点打造生态

型全域旅游，通过搭建生态安全网络，发挥生态环境资源优势带动全域旅游发展，营造生态循环、绿色发展的全域旅游环境[85]。生态保护型旅游区以绿色生态基底为核心优势，往往具有较大的旅游潜力但开发程度较低，因此全域生态保护型发展模式要求生态保护旅游区能够实行科学绿色的运营模式，深度发挥旅游区生态经济价值。全域生态保护型发展模式有利于生态资源的保护与开发，使全域旅游的发展与当地资源环境的保护相得益彰，有助于生态乡村建设，助推美丽乡村和美丽生态的共同发展，通过优质生态环境提升游客体验，是旅游地践行“绿水青山就是金山银山”生态发展理念的重要形式。

全域生态保护型发展模式适用于生态资源丰富、开发价值高但整体环境较为敏感的地区，通过生态保护与全域旅游的有机结合，将环境保护、生态管理与文化旅游元素融入结合起来，严格控制超出生态承载力范围的开发方式，合理布局景区景点与配套服务设施，积极开发绿色旅游产品体系，推动区域环境的良性循环，营造全域旅游健康可持续发展的良好环境[86]。国内较为典型的全域旅游生态引领型地区有贵州铜仁、湖北神农架、山东威海等地区。

贵州省铜仁市拥有得天独厚的生态资源与特色文化优势：拥有20余个国家A级景区，其中国家4A级景区位列全省第三，还拥有107个国家级资源、7个国家级湿地公园，区内拥有国家级自然生态保护区梵净山、佛顶山、白果坨湿地公园、乌江画廊、腊尔山、云舍、团龙民俗村、洋山河等众多旅游资源；拥有梵净山、佛顶山、乌江、锦江、佛教文化、红色文化、民族文化与生态文化“两山两江四文化”，是生态资源与特色文化宝库[87]。近年来，铜仁围绕“创建绿色发展先行示范区”的发展定位，坚守生态与发展两条底线，确立了“念好山字经，做好水文章，打好生态牌”的发展战略，全力推进生态型全域旅游示范区创建工作，做强生态优势长板，打造绿色旅游胜地，积极推动大生态、大文化、大健康、大旅游四大跨越工程，将生态优势与资源优势转化为旅游优势和经济发展优势，获得了“中国最美生态康养旅游名城”的称号[88]；全力推进以梵净山、佛顶山及乌江、锦江为重点的健康养生生态旅游规划工作，建设生态康养旅居田园小镇综合体，将生态康养产业作为铜仁市全域旅游发展的重点产业；全力推进梵净山生态旅游建设，创建梵净山文化旅游创新区，利用生态优势开展产业融合，积极打造“旅游＋生态”“旅游＋康养”“旅游＋运动”等绿色旅游业态[89]；大力开发绿色生态的乡村旅游产品，遵照“园区景区化、农旅一体化”的创建思路，创建了碧江和平生态农业循环示范园区、坝黄高效农业示范园区、松桃普觉茶叶园区、德江高家湾农业园区星级园区等生态农业旅游区，围绕生态资源推进农业公园、湿地公园和山地公园的建设，实现全域生态旅游的高质量发展；积极推进生态保护管理体系与环境卫生保护机制建设，大力开展生态保护制度建设与规划工作，编制完成了《生态补偿示范建设规划》《铜仁市乌江、沅江水环境综合治理方案》《铜仁市生态文明建设实施方案》《铜仁市生态文明建设规划》，颁布实施《铜仁市梵净山保护条例》《铜仁市锦江流域保护条例》等系列生态保护文件，严格落实林业、耕地、湿地红线保护制度，大力推进全域绿化“六绿攻坚”行动，绘就“生态铜仁”蓝图，全力为铜仁市打造“梵天净土、桃源铜仁”的全域生态旅游名片[90]。

（十三）全域研学引领型

全域研学引领型全域旅游发展模式强调加强研学旅游的引领作用，以研学基地为基本载体，通过科学规划、市场培育、产品开发和统筹管理打造地方特色研学名片，发展“全域旅游＋研学旅游”新业态，深入挖掘区域研学资源的文化底蕴和丰厚价值，助推全域旅游蓬勃发展[91]。研学旅游作为当下热门的教育模式与旅游形式，对全域旅游市场激活作用明显，是地方开展全域旅游创建工作的新契机与撬动点。全域研学引领型发展模式有利于区域研学资源与研学文化的深度挖掘，将研学旅游培育成全域旅游创新发展的助推器；有利于加强学校、社会与旅游企业的合作，全面推进教旅融合进程；研学旅游突破中小学生局限，逐渐演变为全社会参与的教育模式，积极开展研学旅游助推全域旅游的发展，不仅有力地通过教育的引领作用带动地方旅游业的快速发展，更能营造“全民研学、全民旅游、全民教育”的良好环境。

全域研学引领型发展模式适用于有较多研学资源和研学潜质，教育与旅游价值较高的地区。根据地方实际开展不同形式的研学活动，通过丰富当地旅游产品业态，促进旅游结构优化升级；通过研学基地的创建、管理、运营和评审机制，助推地方旅游配套服务设施体系的更新换代，实现全域旅游的高品质创建、高质量运行。国内通过全域研学引领全域旅游发展的地区有山西武乡、陕西杨凌、山东诸城等地。

山西省武乡县是著名的红色革命老区，是太行精神的重要阵地，同时也是国家乡村脱贫振兴的区域。近年来，武乡县依托本地红色资源和革命文化，积极开展全域旅游创建工作。通过积极扶持红色文化产业和红色研学旅行活动，大力开展爱国主义教育、革命教育、国防教育及红色思想教育活动，以研学旅行为抓手大力发展全域旅游，取得了丰硕成果，为全国全域旅游示范区的创建提供了“武乡样本”[92]。武乡县通过科学的政策规划，依照“抗战圣地，红色武乡”的发展精神，落实“打出太行旅游特色、打响太行旅游品牌、打造太行旅游名城”战略部署，推进红色旅游基地建设，县域内现有太行少年军校、红色文化产业基地及全国最大的八路军文化基地，全面推进红色旅游目的地建设。通过课题教学、劳动实践、影音教育、体验研讨等多种教学形式构筑研学教育体系，开发了军事特训、军民鱼水情晚会、红色生活、红色革命体验等多样研学产品，设计“八路军文化进高校”“太行少年军校特训营”“行走的课堂”“小小八路军”等多条成熟稳定的研学线路，全面建设红色研学基地，打造红色研学名片[93]；积极开展研学主题活动，提升全域旅游形象；连续多年开办“弘扬太行精神，传承八路军文化”主题文化旅游节，红色藏品展、抗战主题戏曲展、主题电影展、八路军文化学术座谈会等活动异彩纷呈。武乡县全面推进产业结构改革，提升红色研学旅游产业站位，引导研学旅游产品成为拉动全县经济发展、全域旅游高质量运行的快车，打造红色研学助推全域旅游的“武乡样本”。

三、全域旅游发展的实践探索启示

国内外全域旅游的实践探索模式各具特色，应总结提炼国内外全域旅游模式的运作机制与发展共性，为河北省全域旅游的高质量发展提供宏观指导，同时深度挖掘各全域旅游模式的发展特色，结合河北省各地实际情况因地制宜、因时就需地开展全域旅游建设。

（一）不同全域旅游发展模式共性的特征

1. 政府引导，机制创新

国内外全域旅游的不断发展与创新，都离不开政府部门的积极引导与机制体制改革创新。政府是全域旅游创建工作的领航员与先行者，在全域旅游发展与升级过程中扮演核心角色，要积极开展机制体制改革，构建健全的区域统筹管理体系和部门联动机制，推进全域旅游专项工作队伍建设，系统建立全域旅游创建工作的评估、考察、规划、会议等制度，着力通过结构调配、政策引导、管理创新、资金支持和综合保障等途径为全域旅游的高质量发展保驾护航。

2. 宜融则融，能融尽融

纵观国内外全域旅游的各种发展模式，产旅融合已经成为区域全域旅游发展的重要抓手。通过积极开展产业融合，打造“旅游 +”“+ 旅游”全域旅游产品体系，进一步丰富全域旅游业态与产品供给体系，成为各地区发展全域旅游实践的共识。各地区本着宜融则融、能融尽融的原则，积极引导涉旅产业的融合发展，打造一批如共享农场、特色民宿、田园小镇综合体、工业展览、运动康养等新型旅游业态产品，打通产业融合的快速通道，拓展旅游产业链，将区域逐步连接为一个整体，引领全域旅游的快速发展。

3. 服务为先，智慧管控

各地区全域旅游的高质量发展以完善的基础设施体系和配套公共服务供给体系为支撑，通过搭建智慧平台，进行统一管理和运营，为全域旅游铸造便利优质的旅游环境。近年来，各全域旅游示范区积极开展“厕所革命”“烟头革命”，积极构建景区交通串联系统、节点标识系统与餐饮住宿旅游综合体，全力建设全域旅游智慧服务与管理平台，实现全域旅游的旅行便利化、管理智慧化、服务高效化，以提升游客游览体验与满意程度为基本方向，打造全域旅游“幸福产业”，通过全域旅游公共服务体系的积极优化，不断提升游客的幸福感和体验度。

4. 秩序保障，环境重塑

深入推进秩序保障机制体制构建工作，建设健康文明、有序发展的全域旅游市场，重塑全域旅游产业环境，为全域旅游的快速发展构筑坚实保障。通过深入推进综合执法改革，创新执法方式，高质量开展执法队伍建设，建立健全全域旅游市场秩序管理机制；推进消费维权、纠纷调解与突发事件应急处置等方面的建设，建设优质化服务与高质量管理相统一的旅游市场；全面整治环境卫生问题，积极开展城市绿化和乡村生态保护，全力营造和谐文明、生态健康、干净卫生的游览与消费环境，实现全域旅游环境的健康重塑，为全域旅游的高质量发展搭建秩序堡垒[94]。

（二）不同全域旅游发展模式的特性思考

1. 立足实际，因地制宜

全面推进全域旅游的高质量发展，不是对优秀示范区的简单套用，而是要立足于本地实际，因地制宜地开展建设，构筑百花齐放的全域旅游发展格局，形成契合本地发展实际与地区特点的全域旅游发展模式。要围绕本地区旅游资源特点和比较优势，以地区发展实际情况为基础，有重点地开展全域旅游。如山西省武乡县立足于本地红色资源丰富、革命文化深厚的地区优势，大力开展红色旅游和红色研学；贵州省铜仁市依据本地区生态资源集中、自然资源旅游吸引物较多的地区条件，侧重性地开展生态旅游与生态保护，因地制宜地发挥资源的辐射效益，极大地推动了全域旅游的高质量发展。河北省全面开展全域旅游建设工作，要立足本地实际，发挥各地各类特色优势，因地制宜开展全域旅游建设。

2. 深耕文化，特色引领

地区特色文化优势是引领全域旅游高质量发展的重要抓手，是彰显地方特色、打造地方名片的重点开发领域。因此，河北省各地区不仅要深度挖掘本地特色文化，还要创新性地开拓弘扬本区域的新型文化，深耕地区旅游资源的文化内涵，发挥地区旅游资源文化"软实力"。例如，湖北省恩施土家族苗族自治州咸丰县深度挖掘祠堂文化、革命历史和土司文化等本地特色文化，推出了家训文化园、唐崖土司文化旅游节等一系列文化旅游产品，是以文兴旅、深耕文化内涵助推全域旅游的优秀示范。河北省全面开展全域旅游建设工作，要深挖各地特色文化，加强文旅融合，以特色文化与独特魅力打造地方名片，提升旅游吸引力。

3. 凸显优势，以点带面

许多地区的全域旅游示范区创建，最初是以“点”开始的：优势资源、龙头产业及城市吸引力都可能成为发展全域旅游的吸引核与增长极，实现由点向面的辐射效应，最终引领全域旅游的高质量发展。例如，四川省都江堰市依托优势资源，围绕核心旅游吸引物开展配套公共服务设施建设和管理体制创新，优化旅游服务质量，打造地区品牌，通过各类宣介途径积极向外进行文化扩散，由点向面开展全域旅游建设，实现了全域旅游示范区的成功创建。河北省全面开展全域旅游建设工作，要注重优势资源、特色产业或核心城市的带动效用，发挥龙头优势，形成地区产业集聚与融合，推动全域旅游的高质量发展。

4. 全域全景，以面融点

将区域看作一个整体景区开展全域旅游建设，推进构建“全域全景，全民全季”式的全域旅游格局，通过整体改造和“面”的打造，以诸如交通系统、文化廊道、城市建设规划及政府部门引领区域统筹等方式实现区域旅游资源“点”的串联，推动全域旅游的高质量发展。例如，福建省厦门市将全域作为整体景区推进全域旅游创建工作，构建区域一体、行业互通融合发展机制，编制“城市建设多规合一”专项规划，将全域旅游与城市建设进行有机结合；贵州省赤水市通过构建全域旅游交通网络，疏通赤水市全域旅游的线路系统，构筑了集交通、游览、观光、商业和服务于一体的综合旅游廊道，全方位构建水路、陆路、航空三位一体的立体式交通格局，用交通系统形成全域旅游的“面”，将旅游资源的“点”有效串联和融合起来。河北省全面开展全域旅游建设工作，要注重区域景点的有效联通与融合，将区域作为一个整体景区来建设，通过以面融点来串联起各个旅游文化节点，推动全域旅游的高质量发展。

第四章　河北省典型全域旅游发展模式研究

目前，河北省有7个县（市、区）成功创建为国家全域旅游示范区，在发展模式和路径上各不相同，其创建经验值得研究、借鉴。同时，省内多个地区积极发展全域旅游，根据自身特色，构建了符合自身的全域旅游发展模式，实现了当地全域旅游的创新发展。通过归纳总结这些不同发展类型的全域旅游发展模式，供其他地区借鉴学习。

一、涉县——城乡统筹创新促进全域旅游发展

涉县地处太行山东麓，河北省西南部，晋冀豫三省交界处，是邯郸市唯一的全山区县，素有“八山半水分半田”之称。全县风光秀美，山水怡人，森林覆盖率高达56%，是全国绿化模范县、国家级生态示范区，被誉为“太行山首绿之地”，素有“华北第一蓝”的美称。境内旅游资源丰富，山清水秀、名胜广被、人文荟萃，古有“三槐九景十八峪”之美称，今有露天博物馆之赞誉，拥有各类遗址、遗迹300多处，全国重点文物保护单位6处，省级文物保护单位15处，是神话传说中女娲炼石补天、抟土造人的地方，也是邓小平改革开放思想的发源地，被誉为“中国第二代领导核心的摇篮”。目前拥有1家国家5A级旅游景区、3家国家4A级旅游景区。

近几年，涉县紧抓国家新型城镇化综合试点和创建国家全域旅游示范区的机遇，认真贯彻落实新发展理念和习近平总书记关于全域旅游的讲话精神，坚持“旅游兴县”战略不动摇，立足“涉县只有一个景区，那就是涉县全域”的宏大构想，以建成“国内一流的文化休闲旅游目的地”为目的，以创建“国家全域旅游示范区”为核心抓手，以人为本，创新思路，因地制宜，彰显

特色，探索出一条符合山区特色的新型城镇化与新型旅游相融合的模式，成为邯郸旗帜、河北领跑、全国先进，被国家旅游主管部门称为“全域旅游的涉县模式”。2020年9月被文化和旅游部评定为首批国家全域旅游示范区。

（一）城旅一体，走新型旅游城市发展之路

首先，三区并进，提质扩容实现宜居宜业。站在“涉县大事、百年大计”的政治高度，按照以红色旅游为主体，根祖旅游、山水旅游为两翼的“一体两翼”的思路，以提质扩容为核心，以增强承载功能提升县城建设整体水平为目标，涉县持续开展旧城区改造，加快推进西部新城建设，全面启动东部新区建设，实现“三区并进”。其次，城景合一，提升城市旅游服务功能。为将县城打造成旅游服务中心，涉县坚持城市发展与旅游休闲功能无缝对接，致力于建设旅游服务型城市。按照“太行底蕴、中调欧情、生态肺城、诗画涉县”的定位，启动旧城改造和新区建设，一步一品，步步有景，山、水、景浑然一体，实现了城景合一。再次，规划引领，塑造特色城市旅游空间。涉县在城市规划与开发时，注重旅游开发与城市发展的良性互动。按照“太行底蕴、中调欧情、生态肺城、诗画涉县”的发展理念，康养产业、文旅产业、教育产业、商业地产等30多个重点项目开工建设。在城市建筑的规划设计中，注重与周边景观环境的协调性，做好建筑群体空间组合，对建筑风格、比例、色彩、材质等方面提出引导和控制要求，最终使整个城市空间协调、统一、有特色。最后，精准发力，创建美丽文明标杆县城。涉县先后30多次为各级领导来涉县视察调研、大型活动举办、省市县城建设观摩、重点项目观摩、各类迎检创城考核等做好城市环境保障工作。在持续攻坚努力下，涉县县城建设水平全省排名第二，山围城、水绕城、绿染城、文辅城，是一个宜居宜业宜游的现代化城市，相继荣获全国“四好农村路”示范县、“全国中小城市投资潜力百强县”“全国新型城镇化质量百强县”“中国最美生态文化旅游名县”等一系列荣誉称号，全县高质量发展迈上了新征程。

（二）乡村振兴，走就地城镇化的发展之路

在推进新型城镇化的过程中，涉县不是简单地将农村人口向县城转移，而是依托丰富的旅游资源，大力发展旅游产业，实现农民的就地城镇化。首先，全域旅游丰富就业路径，助推就地就业。涉县抢抓城乡一体化和全域旅游创建契机，积极引导有条件的当地居民，主动参与到美丽乡村和乡村旅游建设运营中，支持发展农家乐、精品民宿、渔家乐等旅游服务建设，丰富就业路径。通过重点发展能够吸纳就业的三产服务业、旅游项目，着力提高贫困人口创业就业能力，引导和支持用人企业建立贫困劳务培训基地，加大对贫困村农民工返乡创业的扶持力度，吸引企业到贫困村从事资源开发、产业园区建设和新型城镇化发展等，为当地贫困人口提供了大量的就业机会，大大提高了当地居民的经济收入。其次，全域旅游带动环境整治，扮靓乡村面貌。涉县按照省市实施乡村振兴战略和农村人居环境整治各项决策部署，以创建全域旅游示范县为带动，涉县将人居环境整治、森林涉县、全域旅游发展、脱贫增收致富等统筹融合推进，打造乡村振兴“一带六环”，作为标杆示范引领。着力开展农村生活垃圾治理、厕所改造、生活污水处理、村容村貌和绿化美化等专项整治行动，完善各个重点村的基础设施，持续提升群众生活质量、获得感、幸福感和安全感。

（三）优质服务，创新县镇村公共服务体系

旅游公共服务贯穿了旅游活动的始终，是游客出行的服务保障，也是全域旅游示范区成功创建的基本保障。为积极推进全域旅游示范区创建，涉县坚持规划先行，高标准制定《涉县公共服务规划》全面指导旅游公共服务提升完善。在顶层设计的指导下，涉县大力完善旅游公共服务体系，重点包括公共交通、厕所、服务中心、停车场、标识系统、自驾车房车营地等旅游公共设施的便利化建设，绿道体系、市民休闲公园等公共设施休闲化打造，智慧旅游平台、景区智能化服务等全域旅游信息化搭建，健全综合执法体系、设立县公安局旅游警察大队等旅游安全化打造，实现了全县旅游公共服务的便利化、休闲化、信息化和安全化四化合一。特别是在县、乡、村 + 乡镇旅游综合驿站 + 景区“3+1+X”监管模式的基础上，在全国创新性地提出了在每个乡镇、村建立全域旅游发展服务中心（站）的思路，推进全域旅游向纵深发展，向村级旅游服务延伸，由乡镇长、村委会主任任主任、站长，统一标识标牌、制定相关制度、落实人员安排，实现乡镇、村全域旅游的统筹发展，服务中心体系县域全覆盖，为游客营造了良好的旅游环境、提供了优质的服务。

（四）生态发展，全域旅游推动县域环境保护

在全域旅游的带动下，涉县加大环境保护力度，加快推进城乡统筹，进一步提升县城基础设施承载能力，深入开展农村面貌改造提升行动。首先，植绿护绿，绿美齐抓增品位。涉县始终坚持“生态立县”战略不动摇，将旅游与生态建设相结合，创造性提出“667”造林法，2016—2019 年全县完成造林 69.2 万亩，人均投入 3500 元、栽树 1 亩半，为全国之最，建成了“常年见绿、四季皆景”的绿美涉县，“667”荒山造林法得到原国家林业局的高度肯定，并在全国推广。其次，污染防治，清污治乱保靓洁。当前，涉县认真实施《涉县生态县建设规划》，建设重点生态工程项目，全面完成生态县建设“十三五”重点项目。深入开展国家生态文明建设示范区、生态文明示范镇及生态村镇创建活动，加快组织实施生态村建设，全面改善农村生态环境。到 2020 年，创建 60 余个生态村，并在原“国家级生态示范区”的基础上将涉县建设成“国家生态文明建设示范区”。最后，洁净卫生，市容市貌上台阶。以“洁净城市”创建为主线，道路保洁和垃圾处理水平明显提升。从城区绿化、亮化、净化、美化“四化”入手，通过“分片推进，全面整改”方式，加大环境卫生秩序整洁力度。农村环境整治进行全面常态化，推广了城乡一体化、公司市场化新模式，建立了“准职业化”的保洁队伍，建设了覆盖“全域”的垃圾处理设施，全部实施了“每人每月一元保洁费”工作。通过“补短板攻坚月”“洁净家园 宜居乡村”等攻坚行动，集中打好环境整治“两改一清一拆”攻坚战，营造了“天蓝水净、地绿山青、村容整洁、舒适宜居”的村庄环境。

二、北戴河区——景城共建创新促进全域旅游发展

北戴河区位于河北省东北部，南临渤海，北依燕山，隶属于我国沿海对外开放城市秦皇岛。北戴河依山傍海，风光秀丽，环境清幽，气候宜人，冬无严寒，夏无酷暑，是举世闻名的旅游避暑胜地，拥有海洋、森林、湿地三

大生态系统，有 18.4 千米的海岸线和中国北方最优秀的海水浴场，有世界罕见的潮沙景观。北戴河旅游业起步早，从 1898 年被清政府辟北戴河为“允中外人士杂居”的避暑地开始，北戴河经历了百余年的旅游发展史，是中国近代的旅游发祥地。中华人民共和国成立后，北戴河被国家确定为英雄模范人物和外国专家休疗养区，是中国最大的休疗养基地和健身康复中心。目前，北戴河辖区范围内有旅游景区 11 家，其中国家 4A 级旅游景区 5 家。

自 2016 年 2 月被列入首批“国家全域旅游示范区”创建单位以来，在国家、省、市对旅游工作的高度重视和大力支持下，北戴河全面、客观地分析了自身资源、国内外旅游发展态势、旅游市场环境等发展因素，提出“旅游立区”发展战略，以《国务院办公厅关于促进全域旅游发展的指导意见》为遵循，以“国家康养地 · 生态北戴河”为定位，以创建国家级全域旅游示范区、一流国际旅游城市先行区为目标，以“全域一幅画、处处皆旅游”为主体框架，以供给侧结构性改革和“旅游 +”为抓手，坚持“旅游发展产业化、旅游供给品质化、行业治理规范化、宣传推介品牌化、绿色发展生态化、公共服务全民化”的原则，全面提升文旅产业的综合竞争力，百年北戴河展示出“古典、浪漫、时尚、运动”的时代新姿，力争将北戴河建设成为国际滨海休闲度假之都，创造了景城共建、传统滨海旅游度假城市升级为全季全域旅游目的地的“北戴河样本”，走出了一条全域旅游高质量发展的特色新路。2020 年 9 月被文化和旅游部评定为首批国家全域旅游示范区。

（一）做优旅游景区，提升旅游核心吸引力

近几年，北戴河大力推进全区 A 级景区规范化、标准化、精品化建设，将景区提档升级打造成为全域旅游示范区创建的首要抓手。遵循“景观生态化、服务品质化、功能智慧化、业态高端化”原则，按照国家 5A 级景区标准改造升级鸽子窝景区，如今鸽子窝景区已经成为秦皇岛市乃至河北省的地标性景观。按照国家 4A 级景区标准改造升级联峰山景区，目前联峰山景区已被评为国家 4A 级景区。深入践行“绿水青山就是金山银山”的绿色发展理念，投资 3000 万元打造鸟类博物馆，鸟类博物馆已经成为国际顶级鸟类专题博物馆，科技含量和互动性世界领先，进一步擦亮了秦皇岛“中国观鸟之都”品牌。碧螺塔景区实施了“浪淘沙”海上剧场及景区提升工程，打造大型实景演出《浪淘沙·北戴河》。集发农业梦想王国转型升级为复合业态的研学旅游教育基地。目前，北戴河辖区范围内有旅游景区 11 家，其中国家 4A 级旅游景区 5 家。从景区资源禀赋和发展方向来看，分别是滨海自然景观类、动物科普类、文化娱乐主题类、农业科技体验类、历史风光类，景区空间布局合理，产品差异化明显，能够满足游客的多样化旅游需求。

（二）升级产品体系，打造四季全时旅游目的地

北戴河为全面叫响“国家康养地·生态北戴河”品牌，深入推进文旅产业融合发展，从单一旅游产品供给向康养、度假、研学、运动、节庆、海钓等全业态、全时段供给转变，着力打造四季全时旅游目的地。首先，全面提升现有旅游传统要素产品体系。特色民宿、特色餐饮、特色商品、特色演艺、特色节庆不断丰富，传统要素旅游产品不断创新。其次，大力推进“旅游+”“+旅游”，丰富产品体系。推进“旅游+教育”，开发修学旅游、培训、摄影、采风、夏令营、冬令营、拓展训练等研学旅游新产品，如集发研学营地、歌华教育营地、鸟博科普营地、半格路创客营地等；推进“旅游+体育”，开发滑雪、滑冰、水上运动、体育赛事等体育旅游产品，如轮滑全国赛事及相关项目、全国铁人三项大赛等著名体育赛事活动；推进“文化+旅游”，开发艺术村落、旅游演艺、旅游综合体、特色节庆等文旅深度融合产品，如著名的北戴河文化艺术村落、怪楼文化艺术片等项目；推进“婚庆+旅游”，开展婚庆、婚恋、纪念日旅游等精神情感旅游新产品，如洲顿庄园、碧螺塔婚庆基地、马术俱乐部等项目；推进“旅游+大健康”，开发养生、养老、养心、体育健身等养生旅游新产品，如以太极习练、气功养生、中医康养、慢性病调养为主要产品定位的多家休疗养院所；推进“旅游+商务”，发展节庆、会议、会展等商务旅游。最后，开发新、奇、特旅游产品，满足不同消费群体的个性化需求。如探险、游乐、新奇体验等探奇旅游新产品，培育海上邮轮、海洋科普、海洋装备、深潜体验等海洋旅游，在中心城区培育建设一批特色夜间休闲街区，形成夜间旅游消费聚集区。

（三）城旅融合发展，塑造旅游城市品牌形象

北戴河为营造良好的旅游城市品牌形象，深入推进"旅游+城建"融合发展。首先，加强城市环境整治。近两年，全区下大力度完善城市旅游基础设施和公共服务设施，城市建设充分考虑旅游发展要求，形成城市即景区、街景皆美景、城市功能设施亦为旅游服务设施的格局。完善城市公园、广场、绿地、绿道等公共休闲设施建设，加快城市休闲街区、文博展示场馆、体育健身场馆建设，支持大型旅游综合体、主题功能区、中央游憩区等建设，推进城市风貌改造、亮化美化和标识系统完善，推进老旧小区环境整治。同时，提升乡村环境质量。结合10个产业特色村庄建设，持续推进村容村貌综合整治，全力打造村庄特色鲜明、产业支撑有力、基础设施完善、公共服务到位、环境整洁美丽、村风文明和谐的特色乡村。以各镇为主体，规划部门配合，重点围绕饮水安全、垃圾处理、污水管网、燃气入户四项基础设施建设，对全区43个行政村基础设施配套进行精细化规划设计，查漏补缺、提质提标。通过城乡环境的综合整治及旅游业的深度融合建设，全面营造良好的旅游城市形象和氛围。

（四）完善服务设施，主客共享品质服务质量

全区坚持以"公共服务全民化"为原则，秉持游客即是家人的理念，对城市公共服务进行旅游化改造，实现便捷服务的主客共享。一是旅游服务便捷化打造。打通北戴河机场快速路、宁海大道等多条旅游快速通道，改造提升区内慢游路，打造"两线两环"绿道网络，建设绵延20千米国内最长滨海木栈道。实施旅游厕所全域覆盖工程，旅游公厕全部达到A级标准，其中3A级公厕达到50座，旅游旺季期间开放临街所有单位卫生间。完善旅游标识导览和咨询服务设施布局，游客旅游体验全面升级。二是旅游服务智慧化提升。加强智慧景区建设，投资2500万元完成国有景区智慧化改造，成功搭建全区智慧旅游大数据平台。完善智慧停车功能，对全域停车场实施智慧化改造，建成国内领先的城市静态交通指挥中心。建设智慧导游系统，开发运行"悠哉北戴河"App和微信公众号，实现一部手机玩转北戴河。

（五）改善发展环境，营造舒适放心消费空间

为塑造北戴河旅游城市品牌质量，全区全面提升整体发展环境，形成“生态、人居、社会、消费”四境共美的模式。首先，以铁腕手段提升全域生态环境和人居环境，打造干净卫生的旅游环境。秉持“绿水青山就是金山银山”的理念，在全省率先创建“无煤区”。持续落实“河长制”“湾长制”“路长制”，深入开展大气污染综合治理、碧水保卫战、净土保卫战、“利剑斩污”“零点行动”等专项行动，严肃查处环境违法行为。将北戴河作为“大植物园、大花园”，全市持续开展大面积的植树造林和城市绿化。全面清理整治各村主次干道、背街里巷等重点部位的垃圾杂物。全民参与“烟头革命”，相关做法被《人民日报》内参刊载。铁腕实施“双违”整治，释放旅游发展空间 5400 亩。习近平总书记在雄安新区调研时，对北戴河的生态环境、海水质量、城市管理充分肯定并提出表扬。其次，开展全民志愿服务活动，营造热情好客的良好社会环境。北戴河开展全域全民志愿服务活动，志愿活动层出不穷，每个人都是志愿者，海岸卫生医疗志愿服务岗、党员义工志愿服务岗、交通志愿服务岗等志愿服务岗遍布大街小巷，让游客时时处处感到暖心服务。最后，创新旅游行业管理模式，营造放心的消费环境。瞄准“欺客宰客、招手揽客”等旅游城市“顽疾”，出重拳、下猛药，给出了“北戴河良方”。在旅游旺季，成立由旅游、城管、市监、综合执法协调办、公安、交警等多部门联合组建的综合执法队，由县级干部亲自带队开展24小时不间断联合执法。严厉整治各类违规行为，对屡教不改的招手揽客人员依法依规进行惩戒，严重的予以拘留。在欺客宰客门店及店外的显眼位置张贴“此店欺客宰客”等字样的标语，以“亮丑”警示，实现了不良售卖行为的长效管理。树立“投诉即有理”的理念，24 小时畅通旅游投诉平台，实现了“不让一名游客带着遗憾离开北戴河”。

三、山海关区——国家文化公园促进全域旅游发展

山海关区位于河北省东北部，为秦皇岛市辖区之一，是连接东北与华北的咽喉要道，素有“两京锁钥无双地，万里长城第一关”之称。因其北倚燕

山，南连渤海，故得名山海关。山海关历史文化积淀深厚、自然资源禀赋天成，是国内为数不多的同时拥有长城、山地、古城、河流、森林、湿地、岛屿、滨海资源的城市区，是举世闻名的旅游胜地。北部燕山余脉森林覆盖率达70%，是名副其实的“天然氧吧”；南部13千米滨海岸线，水质洁净，拥有河北省唯一一座无居民海岛石河南岛；26千米明长城由山入海、纵贯南北，获得国家级历史文化名城、世界文化遗产地、中国旅游胜地四十佳等20多项国家级殊荣。目前，全区A级景区8家，其中国家5A级景区1家，国家4A级景区4家，年接待游客超过1200万人次。

近年来，山海关区深入实施“旅游立区”战略，立足区情实际、分析旅游发展态势，紧抓长城国家文化公园建设大机遇，创建一流国际旅游城市大背景，转变旅游发展思路、创新旅游发展战略、变革旅游发展模式，确定新时代“沿海强区、美丽关城和国际文化旅游名城”总体发展目标和“国际长城文化旅游目的地”全域旅游发展定位，将全域旅游作为全区落实五大发展理念的综合载体和推进供给侧改革的重要抓手，以长城文化为魂魄，以山水生态为基础，以旅游产业为主导，融合联动多元产业，持续推动旅游环境优质化、旅游供给品质化、旅游产业特色化、旅游服务规范化，最终打造集长城文化体验、滨海休闲娱乐、山地康养度假、民俗文化体验、城市休闲度假、乡村生态旅游等功能于一体的新时代国际长城文化旅游目的地，创新以国家文化公园建设引领全域旅游发展的示范区创建模式。2020年11月被文化和旅游部评定为第二批国家全域旅游示范区。

（一）抢抓机遇，创新遗产活化新模式

2019年7月，中央深改委会议审议通过了《长城、大运河、长征国家文化公园建设方案》，规划河北段为长城国家文化公园的重点建设区，山海关长城段为先行示范段。河北段共谋划6个标志性项目，其中首个项目中国长城文化博物馆选址山海关，计划投资5.6亿元，占地约106亩。山海关区抢抓这一历史机遇，充分挖掘长城文化精神内涵，放大山海关文化根基效应，以中国长城文化博物馆为牵引，计划投资200亿元，打造10.78平方千米的“长城文化产业园”，涵盖核心主题展示区、文化旅游配套区等十大功能片区和“三

纵三横”立体道路系统，作为全域旅游示范区特色亮点品牌。统筹长城保护、旅游开发、产业发展和生态建设，探索基础设施互联互通、城镇建设协同规划、公共服务均衡配置的区域发展新路子，开启山海关长城保护与城市建设发展有机融合的世界遗产地保护利用新模式，为全域旅游发展擘画美好蓝图。

目前，山海关正在协调推进文物和文化资源保护传承利用基础工程，聚焦管控保护、主题展示、文旅融合、传承利用四大类主体功能，实施保护传承、研究发掘、环境配套、文旅融合、数字再现五大工程，以老龙头—山海关古城—角山长城为轴，谋划了“山海关长城本体保护修缮”“八国联军营盘旧址保护维修及展示”等长城国家文化公园河北段（山海关段）重点建设项目。深入挖掘长城历史文化和旅游资源，不断丰富长城沿线旅游要素，打造长城文化遗产廊道，将长城文化进行深入展示与传播，山海关文物保护利用工作在“让文物活起来”理念指引下，不断向深层次迈进，将长城国家文化公园山海关段打造成为山海关区全域旅游发展的引擎项目和金字招牌。

（二）高级带动，构建以强带强新格局

近几年，山海关区在推进全域旅游示范区创建的过程中，注重高等级旅游资源的带动作用，形成强强联合、以强带强的良性发展格局。

一是突出5A品质带动。2015年山海关景区因服务质量和市场秩序问题5A资质被取消。全区痛定思痛，直面症结，重拳出击，全面整改，改革旅游体制机制、整治市场秩序、提升服务质量，2017年重获5A资质。全区充分汲取5A品牌重塑经验做法，按照“城市即景区、景区即城市”理念，完善全域公共服务体系，把全区作为一个5A级大景区规划建设，建设城景合一的国内顶级旅游目的地，取得了以5A品牌重塑推动旅游转型升级的新突破。二是突出古城繁荣带动。依托山海关景区国家5A级景区金字招牌，借势长城国家文化公园及全域旅游示范区建设，聚焦长城文化、军事文化、戍边文化、传统文化、历史文化和民俗文化，激活古城东南西北十字商街，丰富大型实景演艺、“非遗”体验等新业态，差异化打造民宿、主题酒店，大力发展古城夜经济，实现从“门票经济”向旅游产业化转变，带动山海关旅游由过境地到目的地、观光地到度假地、景区（点）式到全域化产业化的升级。

三是突出文化遗产带动。在依法保护传承长城文化遗产的基础上，统筹兼顾文物保护、管理与利用的关系，实施长城部分段落的现状整修展示工程，创新遗产活化方式，不断扩大长城文化的牵引力和辐射力，让文化遗产真正活起来。

（三）文旅融合，激发旅游发展新动能

在文旅融合发展的时代背景下，在长城世界文化遗产开发利用的带动下，在大众越来越注重精神追求的新需求特点下，山海关多措并举强力推进文化和旅游的融合发展，为全域旅游示范区创建积淀文化底蕴。一是充分利用城市公共文化服务设施，提供主客共享的精神体验。盘活文化馆、图书馆、博物馆、非遗项目、民俗活动等文化资源，开展丰富多彩的文化活动，为旅游发展全面服务。推进"书香山海关"建设工作，在古城内设置图书亭 4 处，投放出版物 6000 余册，为市民、游客提供免费休憩、阅览服务。二是开发文化旅游精品项目，实现隐性文化显性表达。以开发文化旅游线为重点，打造了闲庭·弄墨坊、闯关东文化体验园、翰林书院、古城历史博物馆、兴儒博物馆等一批以古城历史事件、名人故居为主题的体验式文旅项目，打造关城特色文化产业品牌，提升文旅产业的规模、质量和效益。在长城博物馆、兴儒博物馆、闲庭书法基地等 8 家单位建立"山海关研学基地"，为培育研学旅游目的地打下坚实基础，使山海关历史文化的旅游价值得到最大限度发挥。三是创新举办系列精品文旅活动，提升区域知名度。陆续推出系列民俗文化活动、古城美食节、丝绸之路世界模特大赛等特色精品活动，为山海关旅游市场汇聚了人气、扩大了山海关知名度和吸引力。举办"街头文化"展示大赛，带给来关游客和关城百姓美好的精神享受，助力古城旅游"火起来"。举办"长城文化遗产廊道激活行动——长城活火计划山海关站项目"，通过竞赛的形式将山海关的风土人情、长城文化等诸多元素融入柴禾市场改造中，让游客更加近距离地接触到独具特色的古城集市，极大地丰富了山海关古城旅游产业多元化发展。

（四）延伸区域，开拓旅游发展新空间

山海关区在全域旅游示范区创建的过程中，一方面重点活化长城文化遗产，打造全域旅游示范区的形象品牌，另一方面延伸旅游产业发展领域，丰富旅游产品体系，开拓旅游发展新空间。一是向滨海延伸。丰富老龙头观光游体验，打造海滨运动、渔家体验等滨海旅游度假新产品，拓展海上休闲、游艇码头等新业态，支持举办国际性马术、汽车拉力赛等赛事，形成开放型滨海风情旅游带。二是向山地延伸。建设长寿山旅游路、浅山区旅游环线，高标准承办长城国际马拉松赛等大型体育赛事，打造集冰雪运动、康体养生等多功能于一体的山地休闲度假区。三是向乡村延伸。实施全季“农业＋旅游”战略，围绕春·大樱桃、夏·久保桃、秋·猕猴桃、冬·农家乐，融合观光采摘、休闲度假等业态，推动农业特色旅游产品开发。连续举办15届大樱桃节，区长网上直播带货，30分钟2000余斤樱桃即被秒光，知名度影响力有效提升。

（五）节事营销，刺激假日旅游新消费

近年来，山海关区聚焦假日旅游市场，深挖地方文化特色，实现了“季季有节庆、月月有活动、处处有特色”，打响了关城特色旅游活动品牌。一方面，注重假日期间节庆营销，引爆假日旅游市场。近几年连续策划举办了多届“老龙头冰雪嘉年华”“二月二·龙抬头文化节”“孟姜女庙会”“乐岛海豚音乐节”“长城国际马拉松赛”等节庆特色活动，全面引爆假日市场。2019年“五一”“十一”游客量较2018年同比分别增长22.70%、52.87%，呈大幅增长态势。尤其“中国—山海关古城年博会”大放异彩，年博会会期由最初的3天延长至23天，游客量自10万人次跃至108万人次，彻底刷新游客认知。2019年年博会开幕当日，中央电视台《朝闻天下》、新华社、中央人民广播电台《环球资讯广播》等节目对年博会进行了报道，中央电视台新媒体“央视新闻”当日现场直播年博会长达1个多小时，点击量逾32万。另一方面，注重常态化的文化活动营销，充分利用多媒体提升地方知名度和美誉度。在央视《地理中国》栏目播出五集专题片《山海雄关》，山海关长城作为《了不起的长城》第一集火爆北京卫视，引起人民网、新华网等国家级新媒体平台及所属网络大V媒体团高度关注，相继走进山海关进行宣传推介。策划组织乐岛海洋王国“最美驯养员”事件，在抖音、腾讯等数十个主流平台播放，曝光量最高达1.2亿次。常态化推出“白杆列阵”“戚帅巡城”“通关文牒”“海防文牒”等12场仿古轮回表演，开发闯关东文化体验、夜游古城等多种休闲娱乐活动，获得游客一致认可。

四、迁西县——山区生态建设促进全域旅游发展

迁西县位于河北省东北部，唐山市北部，燕山南麓，滦河中下游，北靠长城，位于京津唐承秦大旅游圈核心位置。迁西县素有“燕山绿色明珠、京津冀后花园”之美誉，既有“白马秋风塞上”的雄浑之美，又有“杏花春雨江南”的秀丽之美，更有“小桥流水人家”的质朴之美。全县有林地面积134万亩，森林覆盖率62%，是“全国绿化模范县”“全国绿化造林百佳县”、国家级生态示范区、“中国板栗之乡”。全县旅游资源总量丰富，特色突出、类型多样、品质较高，自然景观与人文景观兼具，旅游资源组合度好。目前，境内有国家4A级景区3家、国家3A级景区3家、国家级田园综合体1个、国家级标准化房车营地1个、国家板栗公园1个、国家级水利风景区1家、全国红色旅游经典景区1家、国家休闲农业与乡村旅游示范点2个、市级以上乡村旅游示范村（点）23个，形成了以“生态休闲、漫游露营、乡居度假、文化体验、运动康养、工业旅游”为主题的六大产品体系。

经过多年的发展，迁西县旅游业取得了显著成绩，“诗意山水 画境栗乡”的品牌知名度不断提升，2016年被列为第一批国家级县域全域旅游示范区创建单位。之后，迁西县快速启动全域旅游示范区创建工作，以创建国家全域旅游示范区为契机，牢牢把握“生态立县 、绿色崛起”战略主线，积极探索“全域美丽、全面创新、全景提升、全业融合”模式，将全县作为一个大景区来打造，把旅游作为战略支柱产业来培育，着力打好“生态、文旅”优势牌，确定建设“环京津独具魅力的生态休闲旅游目的地和中国生态旅游名县”的发展战略，逐步形成了“北部长城文化、中部水韵文化、南部生态文化”三大旅游产业带，走出了一条独具山区特色的“生态型”全域旅游示范区创建之路。2020年11月被文化和旅游部评定为第二批国家全域旅游示范区。

（一）全域创建与乡村振兴相结合

迁西县作为纯山区县，农村产业同质化严重，农村人口流失严重，老百姓经济收入较低，严重制约全域旅游示范区的创建。全域旅游，乡村基础，振兴乡村，产业为本。因此，在全域旅游示范区创建期间，全县按照“产业兴旺、生态宜居、乡风文明、治理有效、生活富裕”的乡村振兴战略总体要求，超前谋划，精准施策，通过“坚持质量兴农，推动乡村产业振兴”“坚持科技支撑，推动乡村人才振兴”“坚持传承创新，推动乡村文化振兴”“坚持绿色发展，推动乡村美丽宜居”“坚持民生至上，推动乡村共同富裕”，以“五个坚持”推进全县乡村振兴，促进全域创建与乡村振兴融合发展，促动全县乡镇孵化出各具特色的文旅产业项目，带动当地农村经济的发展，努力构建农业强、农村美、农民富的乡村振兴“迁西样板”。花乡果巷田园综合体为河北唯一、全国仅有 10 个的国家级田园综合体，2019 年完成了花乡果巷市级乡村振兴示范区建设，2019 年年底被选为省级乡村振兴示范区。在花乡果巷乡村振兴示范区的带动和创建经验的指导下，全县开展其他地方的乡村振兴建设，云天漫步、雨花谷等项目如雨后春笋，特别是投资 50 亿元的庚水田园乡村振兴示范区正在如火如荼地进行。“现代农业、乡村旅游、田园社区”创新融合发展的美好愿景在迁西变成了现实，当地老百姓的获得感、幸福感、安全感不断提升。全县乡村振兴建设，与全域旅游示范区的创建相辅相成，相得益彰。

（二）全域创建与生态建设相结合

迁西曾经是以钢铁为主的资源型县城，境内生态环境破坏严重，县域经济面临挑战，转型发展迫在眉睫。全域旅游发展既是迁西县转型发展的必由之路，也是生态环境修复的最佳抓手。近几年，全县以壮士断腕的勇气，果断舍弃年产值 5 亿元的水库淡水养殖，经过几年的水域环境治理，潘家口、大黑汀两大水库的水质得到极大提升。美丽的水域景观与周边的乡村、山地、栗林、田园融为一体，形成一幅幅“山、水、林、田、村”美丽画卷，为旅游发展创造了很好的条件。之后，周边旅游产业快速发展，相继开发了户外露营、滨水休闲、滨水度假、康体健身、乡村旅游等旅游业态，包括栗香湖国家级标准化房车营地、雨花谷休闲农业、南团汀乡村旅游、水墨山庄、情人岛等项目。同时，全县常年开展农村环境卫生综合整治，村户实现美丽乡村、生态庭院全覆盖，通过了国家生态文明建设示范县现场审核，被评为全国村庄清洁行动先进县，经验做法被国务院作为典型在全国推广。强力推进县域环境综合整治，490 家问题企业全部拆除，建成总长 16 千米的长河带状公园、滦河湿地公园。

（三）全域创建与特色产业相结合

迁西县物产丰富，尤其是果林资源突出。在全域旅游示范区创建过程中，迁西县将旅游业与特色产业紧密结合，特色产业、生态建设、文旅经济相互促进、相得益彰，得到全国人大常委会副委员长王晨的高度赞扬。一是促进板栗产业旅游化打造。板栗是迁西县的优势产业，被列入世界重要农业文化遗产预备名录，全县栽植面积达 70 万亩，常年产量 8 万吨左右，“迁西板栗”“紫玉”被评为中国驰名商标，迁西是名副其实的“中国板栗之乡”。按照河北省委书记王东峰提出的“迁西板栗、生态经济”要求，既高标准建成中国板栗馆，又获批全国唯一“国家板栗公园”。极具板栗文化特色的长城人家、水墨山庄等旅游项目异军突起，栗香湖风景区、滦水湾公园、栗香植物园等扮亮山城。二是优化特色产业发展布局。立足山区产业特点，全县大力发展有机农业和绿色农业，北部麻岩地区以板栗观光采摘为主，推广林禽（畜）、林粮（油）、林药、林菌等林下经济模式，发展以栗蘑为主的食用菌、中药材等特色产业；中部以滦河水韵农家休闲采摘为主，南部石灰岩地区以核桃、安梨、水果、杂果为主，突出差异化布局，精细化管理，促进农业绿色化、优质化、特色化发展。板栗、栗蘑、安梨等特产撬动旅游产业提档升级，全县从事旅游业的农户达 16000 多个，带动农民人均增收 5000 元。三是特色农产品品牌化打造。以板栗、栗蘑、安梨等特色农产品为重点，打造一批资源利用率高、产业影响力强、市场占有率大的农产品区域公用品牌。积极筹建“省级板栗产业知名品牌创建示范区”，年内新培育省市名优产品 2 个。实施百城迁西板栗、栗蘑直营店工程，建立统一的质量、品牌管理体系，年内在全国 20 个大中城市建立迁西板栗、栗蘑直营店，进一步提升迁西板栗、栗蘑市场优势和品牌形象。

五、武安市——资源转型升级促进全域旅游发展

武安市位于河北省南部，太行山东麓，晋冀豫三省交界地带，是邯郸市唯一的县级市，是著名的地方戏剧之乡、古代冶炼之乡、中国小米之乡，中国优秀旅游城市、国家园林城市、全国发展改革试点城市，连续多年跻身全国“百强”县（市）行列，素有“太行明珠，冀南宝地”之称。武安是历史悠久的千年古县，有 1 万多年文明史、2200 多年建县史和冶炼史，磁山文化开启世界农耕文明曙光，也是英雄辈出的革命老区，刘伯承、邓小平等老一辈无产阶级革命家曾生活战斗在武安。目前，全市拥有 5 家国家 4A 级景区和国家地质公园、国家森林公园、国家级水利风景区、国家级自然保护区，旅游业发展基础良好。

武安曾是一座以工业为主的新兴城市，矿产资源以铁、煤矿为主，是全国 58 个重点产煤县（市）和全国四大富铁矿基地之一。2016 年 11 月被列入第二批国家全域旅游示范区创建单位以来，全市深入贯彻落实习近平生态文明思想，转型步伐变“慢”为“快”，积极探索以旅游业带动和促进区域经济社会协调发展的新模式。最终把全域旅游发展作为转型升级、绿色崛起、高质量发展的重要抓手，以“钢铁重镇、全国百强”形成的发展基础为依托，精准把握全域旅游示范区创建的内涵与实质，全面调动全产业、全要素、全区域协调联动，加快构建多元支撑的现代产业体系。经过几年的创建，全市生态环境更美、人居环境更优、营商环境更佳，县城经济转型步伐更快，越来越多的新兴产业项目落地生根，起到了生态建设反哺经济、助推发展的作用，闯出了一条资源型工业城市向生态型旅游城市转型的“武安路径”。

（一）向旅游产业转移，引导民营企业“大转型”

武安市深刻认识到城市的转型升级离不开当地大型企业的转型发展，在全域旅游示范区创建过程中，武安市充分发挥政府作用，培育出七步沟、武华山等一批“矿老板、钢老板”转型文旅产业的典型，特别是东山钢铁，在深化供给侧结构性改革中响应国家号召，退出钢铁市场，投身文旅产业，在

全市布局三大板块：在西部启动了投资18.6亿元的古武当山提升工程，在东部免门票开放国家4A级旅游景区东山文博园，在厂区旧址开发城市文化休闲综合体，建设钢铁博物馆、钢城文化体验园，2000多钢铁工人转移到旅游产业。同时，武安全面提升钢铁主导产业，加快推进整合重组、退城进园、改造升级"一揽子计划"，2018年以来投资150亿元实施治理工程651项，打造了一大批"园艺化、文艺化、景区化"的花园钢企，比全国提前一年半实现超低排放，实现了厂区变景区。传统工业企业的绿色转型成为城市生态转型的助推器。

（二）从治理体制入手，打破区划组建"大景区"

多年来，武安市旅游景区一直存在起步早、布局散、层次低、没有形成一体化发展的问题。针对这一现状，2016年起武安市创新体制变"乱"为"治"，打破属地管理的"块"、部门管理的"条"，以旅游元素为基本单位组建东太行管委会，市委书记任党工委主任、市长任主任，将西部500平方千米作为一个大景区，建立"管委会＋乡镇＋公司＋景区"的景政一体、景旅一体模式，对500平方千米内所有旅游资源进行全面整合、统一管理、规范业态、整体营销，解决了长期以来景区之间"分散化建设、同质化营销、碎片化发展"、部门之间"职能交叉、相互扯皮、互不统属"、村庄之间"私搭乱建、单打独斗、低端竞争"等问题，目前正在积极申报国家级旅游度假区。全市在旅游领域开展县域治理体系和治理能力现代化探索与实践，设立市场监管分局、旅游安全保卫大队、旅游巡回法庭等机构，建立"节假日交警常态化保畅保安"机制，从资源保护、秩序规范、安全保障、打击私搭乱建等方面"全面直管、全程监管"。

（三）从矿山治理发力，实施生态环境"大修复"

武安曾作为传统的工业城市，历史上形成了大量生态欠账。为加快全市生态型旅游城市建设，近年来，武安市深入贯彻落实生态文明战略，生态优先变"黑"为"绿"，植入旅游业态力促"渣山变青山、矿区变景区"。一方面，全面推进"山水林田湖"系统治理，2017—2019年造林52.6万亩，开展农村人居环境、道路沿线、企业周边、城区容貌、矿山生态等综合整治，形成了“点成绿园、线成绿脉、面成绿网”的绿美生态系统。另一方面，促进传统矿山资源旅游化发展。九龙山矿山生态修复公园，原有国营大矿、小煤矿、小企业等205家，垃圾遍地、渣山林立，2019年通过大力整治，建成集休闲观光、慢跑骑行、野营拓展等于一体的城郊山地生态公园；利用废弃矿址打造太行山抗战景区，成为河北省首家抗战主题大型实景实弹演出旅游目的地；白沙村曾以采石烧灰为业，通过修复环境植入观光采摘、研学培训、休闲健身等旅游业态，实现了由粉尘飞扬的矿山村向全国休闲农业与乡村旅游示范点的转变。

（四）从旅游业态抓起，构建精品旅游“大格局”

为提高全市的旅游核心竞争力，武安从供给侧结构性改革的角度，对全市旅游产品进行创新化提升，形成了“核心景区为引擎、多种业态互支撑”的精品旅游大格局。一方面，提升重点旅游景区，提高旅游核心竞争力。主打壮美太行牌、坚持差异化发展，全面提升“情湖爱岛”京娘湖、“道教圣地”古武当、“戏曲文化”朝阳沟、“康养度假”长寿村等重点景区，特别是引进国内山岳型景观一流团队中景信公司，投资16亿元建成“壮美天下脊、中原第一山”东太行景区，形成了“峰谷沟湖风光各异、春夏秋冬四季有景、自然人文深度融合”的太行山水特色游，成为全市全域旅游发展的引擎产品和品牌项目。另一方面，通过“旅游+”和“+旅游”的产业融合发展，创新旅游业态，丰富旅游产品。通过“文化+旅游”，建立文旅融合项目武安博物馆，让文化有了载体，让城市有了灵魂；晋冀鲁豫边区革命纪念馆、周恩来纪念馆、柯鲁克夫妇旧居、太行山抗战演出，让武安红色记忆历久弥新。通过“乡村+旅游”，开发的田鑫小镇成为冀南地区亲子度假首选地，颐养小镇白王庄、王坡民宿开创乡村旅游新业态。通过“旅游+科技”，开发七步沟景区奇幻夜游、晨曦酒店水幕电影秀，多种沉浸式、体验式新业态覆盖“上到九十九、下到不会走”全年龄段。

六、平山县——优势资源整合促进全域旅游发展

平山县位于河北省西部、太行山东麓，距省会石家庄25千米，是全国

著名的革命老区、革命圣地西柏坡所在地，其中西柏坡是"两个务必"的发源地，也是"进京赶考"的出发地，是"新中国从这里走来"的地方。平山是山区大县，素有"八山一水一分田"之称，也是国家级生态示范区，森林覆盖率达 48.98%，全县风光秀美，山水怡人，孕育出森林、奇峰、溶洞、飞瀑、温泉、湿地等多类自然景观，600 多处遗址遗迹遍布全域。平山是旅游大县，也是国家扶贫开发重点县。目前，县域内有 1 家国家 5A 级景区、11 家 4A 级景区，位居全省各县（市、区）之首，同时有 10 个乡村风情小镇、50 个旅游专业村，全县旅游从业人员超过 8 万人。2019 年全县接待游客 1943 万人次，旅游收入达到 146.3 亿元，先后荣获"中国十大最具投资潜力旅游目的地""中国最美文化生态旅游名县""全国十佳生态休闲旅游城市""中国县域旅游竞争力百强县""全国休闲农业与乡村旅游示范县"等多项荣誉称号。

近年来，全县将国家全域旅游示范区创建作为推动县域经济发展、产业转型升级、生态环境保护的突破口，深入实施"生态立县，旅游兴县"战略，对县域旅游资源挖掘利用、重组整合、升级创新，秉承全域旅游、全季旅游、全业旅游、全新旅游的理念，塑造"红、绿、古、温、特"五大旅游战略品牌，全力打造中国一流的红色旅游革命圣地、华北一流的旅游休闲度假目的地、战国中山文化汇聚区。在全域旅游示范区创建的过程中，创新旅游扶贫路径，不仅将全域旅游打造成了平山县发展的"金名片"，也打造成了当地百姓增收致富的"金饭碗"，走出了一条通过优势资源整合发展全域旅游持续巩固脱贫成效、助力乡村振兴、推动高质量发展的新路径，打响了"平山别样红""金山银山，看看平山"的旅游品牌。

（一）整合优势资源，培育精品旅游品牌

平山县旅游资源丰富，发展基础良好，但要实现旅游产业的高质量发展，离不开品牌产品的塑造。在全域旅游发展过程中，全县盘活利用各种旅游资源，培育了系列旅游精品。首先，做大做强红色旅游，打响红色旅游品牌。红色是老区平山的底色，红色故事遍布全县的角角落落。近年来，平山把红色旅游作为一条主线，全力整合西柏坡镇、苏家庄乡、宅北乡、岗南镇等乡镇红色旅游资源，结合城镇化建设以及乡村振兴战略实施，大力发展红色农家乐、红色影视基地等项目。在西柏坡纪念馆、中共中央旧址的带动下，相继打造了西柏坡红旅小镇、国家部委旧址、李家庄统战故里等红色研学点，打响了西柏坡红色旅游融合示范区，擦亮了红色旅游招牌。其次，促进产业融合，丰富旅游产品。全县在做好红色旅游的同时，还积极推进“红、绿、古、温”优势旅游资源深度融合，推进旅游产品协同与错位发展，致力于从“景点游”迈向“全域游”，将旅游和其他产业深度融合，把旅游产业转化为融合业态。引导三次产业和各行业主动“+旅游”，建设了泓润生态园、中山古城国家考古遗址公园等新业态，实现了生态休闲、温泉康养、民俗古镇、乡村旅游、文化体验等多业态融合。通过加大资源整合开发、强化精品标准化升级、优化业态服务、做好公共服务等措施，打造了中山文化体验区、太行山水休闲区、滹沱河生态走廊等特色旅游片区，形成了“全域旅游、四季平山”的旅游产品体系。最后，推出精品旅游线路，促进联动发展。依托绿色景区、步道、森林、漂流等资源产品优势，策划出养生、康体、度假为主题的“休闲度假”之旅；依托红色、古镇、民俗、中山古文化等特色文化资源，精心打造“忆苦思甜”之旅、“探古幽访”之旅；依托乡村风貌、民俗风情、农事节庆、休闲农业等资源业态，主推“农耕体验”之旅；依托温泉、中医药种植等，形成“健康养生”之旅。同时，突出四季别样风情，包装推出踏青赏花之旅、避暑嬉水之旅、乡村美食之旅、温泉度假之旅、冰雪世界之旅，推动旅游产品线路由观光为主向观光、休闲、度假复合发展转变。全县多措并举，把旅游资源优势变为旅游产品优势，不断增强全县旅游的核心吸引力，全面叫响了“平山别样红”“金山银山，看看平山”的旅游品牌。

（二）创新旅游扶贫，打造产业扶贫标杆

2012年，平山县被列为国家扶贫开发工作重点县。全县借势全域旅游示范区创建，积极探索旅游扶贫的新路径、新模式，以全域旅游、旅发大会“双轮驱动”旅游产业，通过农旅一体、景村一体、产销一体“三体融合”实现休闲农业、乡村旅游、特色产品与扶贫相互促进，通过投入多元化、管理综合化、服务智慧化、营销立体化，引领产业发展。最终走出了一条“旅游+扶贫”的产业扶贫新路子，文旅扶贫的“平山模式”入选河北省产业扶贫

典型案例。

全县按照"农业园区化、园区景区化、农旅一体化"发展原则，重点打造了50个特色旅游示范村，以及多个乡村旅游项目，涌现出红崖谷"五统一分"、城子沟"三区共建"、泓润生态园"公司+基地+农户"等一批旅游扶贫典型项目；大力推进农旅一体、景村一体、产学一体"三体融合"，打造了梁家沟、南文都等一批旅游乡村；通过景区带村、企业带社、合作社带户、孵化园带人的"四带"模式，实现了土地流转得租金、景区务工得薪金、股权分红得股金、家庭经营得现金的"四金"收入；在全县景区、旅游纪念品市场、集散中心、旅游咨询服务中心等摆放销售贫困村生产的特色旅游产品和纪念品，拓宽贫困村群众致富渠道。旅游业的繁荣不仅为当地百姓提供各种就业岗位，同时也借助旅游发展带动了当地手工业、畜牧业、种植业、养殖业、零售业等关联产业的发展。到2019年，全县带动8万多人从事旅游产业，村集体、农户持续稳定增收。通过创新旅游扶贫模式，平山县成功地将自身的资源优势转化为经济收益，实现了全域旅游发展成果的共建共享。

（三）构建交通路网，助力区域联动发展

近几年，平山为改善交通环境，大力实施"风景公路"工程，全力完善旅游交通路网，打造"快旅慢游"的样板路。一方面，建设全域旅游大环线，提高景区之间的交通便捷性和发展联动性。全县投资25.8亿元，启动实施了温塘至天桂山、西柏坡至驼梁、沕沕水至蛟潭庄等10条旅游专线建设，以线串珠，将散落在全县30多个景区景点和农业园区串联起来，实现了景区景点之间交通的顺畅通达。西柏坡温泉城通往北冶乡的旅游专线是平山旅游大环线的重要组成部分。北冶乡是平山县旅游重点乡镇，境内有天桂山、沕沕水、佛光山、紫云山4家国家4A级景区。该道路建成通车，使温塘、北冶两个旅游乡镇直线通达，不仅缩短了距离，而且实现了客货分离，并将散落在山里边的小型种植园连在一起，成为山乡群众致富奔小康的"民心路""幸福路"。另一方面，加快全县"四好农村路"建设，同时以"交通+"模式，强力推进"交通+旅游+扶贫"多向融合。"十三五"以来，全县"四好农村路"建设共投资19.05亿元，修建农村公路1302千米，全县717个行政村实现通硬化路、通客车，农村公路建设总里程2530千米，全县通车总里程达3007千米，县城周边20千米范围内公交化运行率100%。同时，结合农村电子商务，平山县大力推进“交通＋电商”，为全县特色农产品插上互联网的“翅膀”。一条条产业路、脱贫路、景观路、惠民路相继通车，平山经济发展驶上“快车道”。“四好农村路”是当地百姓的“致富路”“暖心路”，更是走进新时代、开启新生活的“幸福路”。

（四）创新文旅融合，展示平山旅游魅力

文旅融合是旅游目的地实现全域旅游的重要途径。近年来，平山县始终把挖掘景区景点文化内涵作为一项重要课题，依托深厚的历史文化和红色文化，把资源优势转化为发展优势，为文旅产业高质量发展提供有力支撑。在旅游宣传营销工作中，平山县探索借势文化资源、做强旅游品牌的文旅融合新模式，达到了“小成本，大宣传”的效果。一方面，充分挖掘老区平山的革命历史和红色文化，讲好红色故事。平山县梆子剧团创排了《没有共产党就没有新中国》《子弟兵的母亲戎冠秀》《白毛女》《西柏坡故事》等河北梆子“平山红色四部曲”，成功在人民大会堂、长安大戏院等地演出。拍摄了大型纪录片《平山记忆》《中山国》《滹沱记忆》“平山纪录三部曲”，其中《平山记忆》在央视播出，纪实文学《寻找平山团》获得第六届“徐迟报告文学奖”，平山红色文化深入人心。传承历史文化，大型纪录片《中山国》先后10余次在央视播出，观看量达8亿人次；大型杂技剧《梦回中山国》，在全国各地巡回演出。另一方面，做强文创产业，实现文物活化。共开发了8大类300余种旅游文创产品，将古中山国文物“复活”，2019年河北省文创观摩交流会在平山中山古城考古遗址公园举行。中山国文创产品多次获得国家级大奖，其中“古中山双翼神兽”被评为“河北最美礼物”，成为国务院定制的外交礼品。平山县通过文旅融合，创新宣传模式，引起了国内外很大反响，极大提升了平山旅游的品牌影响力。

（五）创新投融资机制，助力旅游项目落地

发展全域旅游离不开资金支持，平山县过去作为贫困县，资金问题制约着旅游业的发展。在全域旅游示范区创建的过程中，全县充分挖掘投融资政策，探索“产权交易、挂牌上市、资本合作”的“三位一体”投融资机制。一是产权交易引一批。在北京产权交易所开设平山县文旅资源投融资交易平台，包装推介中山古城国家考古遗址公园等10个优质文旅项目，推进资源向资本转化。二是挂牌上市融一批。出台《关于推进企业上市的实施意见》，支持旅游企业上市融资，白鹿温泉旅游度假区在“新三板”挂牌上市。三是资本合作投一批。县政府成立城投公司、新投公司、财源担保公司等，作为全域旅游投融资平台，通过PPP、EPC等模式，引进社会资本参与旅游发展。借势承办省、市旅发大会，引进河北旅投、荣盛集团等，高标准打造了一批精品小镇和旅游通道；通过PPP模式投资8.2亿元，新建滹沱河生态景观走廊，连通西柏坡与正定，辐射带动5个乡镇167个村，惠及全县1/4人口，成为名副其实的旅游路、致富路。

七、沧州市——文旅深度融合促进全域旅游发展

沧州市地处河北省东南部，东临渤海，西邻雄安，北依京津，南接齐鲁，是河北省“东出西联”的桥头堡，也是雄安新区的东南门户，大运河贯穿市区，区位优势明显。沧州历史悠久，文化底蕴深厚，活态文化资源丰富，种类众多，资源等级高，主要有运河文化、武术文化、杂技文化、沧海文化、诗经文化、医药文化六大文化脉络，素有“世界杂技之乡”“中国武术之乡”“江北运河第一名城”的美誉。

“十三五”以来，沧州举全市之力优化旅游产业布局，使其驶入快车道，渤海新区、河间市、青县、南大港产业园区入选首批省级全域旅游示范区创建单位。2019年，沧州市委、市政府提出坚持“六大新动能”，培育“五大新引擎”，坚定信心、保持定力，突出主题旅游作为沧州“六大新动能”之一的引领带动作用，大力推动沧州全域旅游创新发展、绿色发展、高质量发展。近两年，沧州抢抓历史机遇，梳理众多文化资源，确立六大文化脉络，立足国际视野，通过“文旅创意可视化、文旅创意演艺化、文旅创意节庆化、文旅创意园区化、文旅创意商品化”五大路径推进文旅深度融合，摸索出一条深推文旅融合促进全域旅游发展的道路。

（一）梳理文化脉络，推进文旅融合

沧州活态文化旅游资源丰富，发展潜力大，包括运河文化、武术文化、杂技文化、沧海文化、诗经文化、医药文化、府署文化、千童文化、红色文化、铸造文化、盘古文化等。2017—2018年，全市启动了沧州文脉梳理工程，聘请大专院校教授以及市直和部分县（市、区）文化学者作为研究员，结合各自研究领域，按照“涵盖全面、突出重点、彰显特色、力求共识”的原则，从“文化特征、主要内容、形象表述”等方面对沧州区域文化资料进行收集、研究和认证，深入开展对沧州文化的系统研究，最终集中概括为沧州“六大特色文化脉系”，即诗经文化、运河文化、渤海文化、医药文化、武术文化和杂技文化，亮出了沧州文化新“名片”，这项文化梳理工作为全域旅游发展的资源依托提供了重要依据。

沧州依托自身高品级的文化旅游资源，借势文化强国、共建“一带一路”、大运河文化带建设、大运河国家文化公园建设等重大国家战略，大力推进文化和旅游深度融合，实现文化产品化、文化体验化、文化活态化。

（二）立足国际视野，提高发展定位

沧州文化旅游资源不仅数量多、种类丰富，而且资源等级高。沧州被称为“江北运河第一名城”，是京杭大运河流经的20个城市中里程最长的城市。2014年6月22日，中国大运河项目申遗成功，其中南运河沧州至德州段为27段遗产段之一，沧州东光连镇谢家坝为57项遗产点之一。沧州具有历史悠久的杂技文化，是著名的“世界杂技之乡”，一直有“上至九十九，下至才会走，吴桥要玩艺儿，人人有一手”的美赞，杂技界有“没有吴桥人不成杂技班”之说，中国吴桥国际杂技艺术节是中国举办历史最长、规模最大、影响最广泛的国际性杂技艺术节，是四大国家级国际性文化节庆活动之一。同时，还被称为“中国武术之乡”，是中华武术文化的重要发源地、典范传承地、拳种富集地。

依托沧州的大运河文化、杂技文化、武术文化等具有国际影响力的旅游资源及千童文化、中捷友谊农场等历史悠久的国际交流文化，通过搭建国际化平台、开展国际化营销、开发国际化旅游产品、塑造国际化城市形象、配

套国际化的服务设施，实现沧州全域旅游国际化发展，将沧州打造成为国际杂技武术旅游目的地、中国大运河文化重要承载地。

（三）建设旅游廊道，区域联动发展

世界文化遗产大运河贯穿沧州中部，全长 253 千米，大运河在沧州境内流经 8 个县区。大运河沧州段历史遗迹众多，原生态性明显，文化资源丰富，极具有开发价值。

近年来，沧州借势全国和河北省运河文化带的开发建设，对沧州大运河进行整体开发，坚持把大运河文化旅游带建设作为加快新型城镇化进程的重要抓手，将大运河文化旅游带向"米"字形、"十"字形发展，突出体现大运河沧州段"通江达海"等特色。通过点、线、面综合打造，按照"特色小镇镶运河"理念，重点打造杂技小镇、武术小镇、红木小镇等重要节点小镇项目，高标准谋划建设大运河风景绿道，全面提升沿线生态及城镇景观，将大运河文化旅游带打造成为文化带、生态带、经济带，塑造"通江达海走大运，世界运河看沧州"的运河枢纽城市形象，构建河海相济、文盛武强的旅游新格局，开启沧州的运河文旅新时代。

通过大运河文化旅游带的建设，大运河沧州段沿线的杂技文化、武术文化、农耕文化、酒文化、民俗文化等原生态文化元素得到活化，实现了真正的文旅融合。同时，大运河流经的吴桥县、东光县、泊头市、沧县、青县等 8 个县区文旅产业得到快速联动发展，沿线的自然生态景观得到全面提升，基础设施、公共服务更加完善，真正做到了文旅产业发展的主客共享。大运河文化旅游带有潜力打造成为沧州中部的文旅融合隆起带，引领沧州全域旅游跨越性发展。

（四）龙头项目引领，塑造文旅品牌

沧州依托高品级的文化旅游资源，即诗经文化、运河文化、渤海文化、医药文化、武术文化和杂技文化，按照市场导向、文旅融合的发展理念，高标准谋划了六大龙头项目，包括沧州大运河风景绿道（包括市区的运河旅游区）、沧州武术文化小镇、吴桥杂技名镇、沧海文化旅游区、中国诗经小镇、孔献山庄儒医康养旅游度假区。通过精品项目的打造，推进文旅融合，实现文化活化。

八、正定县——古城文物活化促进全域旅游发展

正定县位于河北省西南部，南邻省会石家庄，西接灵寿，是五省通衢的交通枢纽，坐拥国际机场和高铁站优势，是未来华北地区的物流中心和旅游集散中心。同时，正定轨道交通迈入“地铁时代”，与石家庄市区的联动性更强。正定是国家历史文化名城，文物古迹众多，素有“三山不见，九桥不流，九楼四塔八大寺，二十四座金牌坊”之称。现有国保 10 处、省保 5 处、县保 23 处。其规模之大、数量之多、艺术价值之高、历史之久远，为中国县级城市所罕见，堪称“古建艺术宝库”“佛教文化博物馆”，正定古城是我国规模最大、历史最悠久的府城级历史文化名城。同时，正定是习近平新时代中国特色社会主义思想萌芽、起源之地和初步实践之地。总书记在正定工作期间，提出了“旅游兴县”战略。

近几年，正定县坚决贯彻落实习近平总书记提出的“旅游兴县”战略，立足正定“宜居宜游旅游城”发展定位，以打造“古城古韵·自在正定”为核心目标，以全域旅游示范区创建为主要抓手，坚持“重点保护、活化创新、国际标准”的要求，紧紧围绕“登得上城楼、看得见古塔、记得住乡愁”，持续优化旅游供给结构，用打造精品景区的标准打造全域旅游，走出了一条古城文物活化引领全域旅游发展的特色之路。

（一）恢复古城风貌，创新古城业态

2013 年 8 月 24 日，习近平总书记对正定古城保护作出重要批示，省、市、县和国家、省文物局、旅游局认真落实总书记指示，启动了古城保护风貌恢复提升规划工作。2017 年 1 月，正定县严格遵照总书记的批示精神，24 项古城风貌恢复提升重点工程全部如期高质量完工，古城保护取得显著成效，正定古城空间轮廓一览无余，“千年古郡、北方雄镇”历史风貌重现活力，“登得上城楼、望得见古塔、记得住乡愁”的愿景成为现实；实施《石家庄市正定古城保护条例》，古城保护有法可依，保护工作受到国家住建部、国家文物局通报表彰。同时，大力发展夜间经济和文化活动，打造夜色正定，亮化古

城城墙、城楼、古塔等 130 个单体建筑，发展地摊经济，增强正定古城夜间旅游吸引力。

正定在做好文物保护工作的同时，还重点打造了三条特色旅游街区，植入休闲娱乐旅游业态，延长游客停留时间，丰富游客消费体验。正定县投资 5100 万元打造了堪称全国最高层次历史文物最密集街道的燕赵南大街辟为"历史文化街区"，从北到南依次有开元寺、蕉林书屋、梁氏宗祠、阳和楼、临济寺、广惠寺以及正定南城门长乐门，充分展示正定古城千年历史文化。同时，总投入 1.2 亿元打造了"寻香慕文"的餐饮特色历史文化街区旺泉古街，街区总体采用明清时期建筑风格，古风古色，业态以老字号餐饮、知名特色餐饮和文化配套业态为主，辅助以茶社、文创、文化演艺等特色业态。另外，将正定古城南门外的南关村改建成南关古镇，包括主街和一期民宿，设立了离境退税店、民俗展演、非遗体验及美食街区，展示着古城传统的关厢文化，重现了历史繁华风貌。

正定县通过恢复古城风貌，创新古城业态，打造古城观光、文化体验、主题文创、美食美宿等系列古城旅游产品，成为正定县全域旅游发展的龙头产品和核心吸引物，同时成为石家庄文旅融合发展的示范区和引领区。2020 年，石家庄市委和正定县共同谋划将正定古城创建为国家 5A 级旅游景区，打造正定全域旅游金字招牌。

（二）丰富产品供给，形成众星拱月

正定县在推进全域旅游发展的过程中坚持品牌带动、全面整合，古城引领、乡村突破，创新构建以古城文化旅游为龙头产品，滹沱河生态旅游、红色研学旅游、商贸会展旅游等百花齐放的正定模式，全面推动正定旅游从"观光旅游"向"休闲度假体验旅游"转变，从"景点旅游"向"全域目的地旅游"转变。

正定县借势承办河北省第四届旅游产业发展大会，全面启动滹沱河生态走廊沿线美丽乡村、乡村驿站、指示标识、生态景观、文化景观、旅游配套设施建设及智慧化导游导览等公共服务体系建设，建设了南白店、平安村、大孙村 3 个乡村驿站和 1 个房车营地，打造了农耕时代、趣那公园、野槐林、地道战遗址、沙洲湾等一批农业观光体验景区，重点发展塔元庄红色旅游区，滹沱河生态走廊发挥了引导产业发展、传承乡愁文化、带动乡村旅游的作用。同时，近几年正定会展经济发展迅速，石家庄（正定）国际小商品博览会、中国国际物流发展大会等国家级展会成功举办，中国国际数字经济博览会永久落户正定，荣获“2019年度中国十佳县域会展城市”“辉煌70年中国最具影响力品牌展会奖”等10多项荣誉。石家庄国际会展中心的大型展会场地助力正定会展业向高端化、国际化的目标迈进。同时，中国（河北）自由贸易试验区正定片区获批，石家庄综合保税区、正定新区、高新区发展迅速，正定借助会展、商贸市场拓展带动以古城旅游为核心的旅游市场拓展，共同打造特色商贸会展旅游品牌。

（三）做火节事营销，引爆旅游市场

围绕拉动市场消费，营造节日氛围，正定县精心策划举办形式多样的特色活动，着力提升文旅商融合发展活力。自2018年以来，正定在春节、国庆期间，多次举办超大型电子烟花秀、大型无人机编队灯光飞行表演、巨幕音乐喷泉激光秀、炫彩灯光秀等，为广大市民和游客打造了一场场震撼的视觉盛宴，大大提高了正定古城旅游知名度和吸引力。同时开展鼓王争霸赛、民间艺术节、猜灯谜等富有正定特色的传统文化活动，多次被央视等高端媒体直播报道。成功举办国际马拉松赛、冰雪嘉年华等系列文体活动，荣获河北省首批冰雪运动示范县。旺泉古街组织了“旺泉古街大寻宝”“旺泉古街送祝福，千人分享大月饼”“自在正定，福满旺泉”“旺泉古街星雨街市”等多场文化和商业活动，其中第二届、第三届中秋“旺泉古街千人共享大月饼”活动均登上央视新闻，古城、古景、古街使人流连忘返，正定旺泉古街的知名度大幅提升。南关商业街多次组织文艺演出，丰富了游客夜生活，让游客品尝美食的同时还可以欣赏正定美景、观看文艺演出，促进了夜经济的快速发展。2020年央视《唱响新时代》主会场在正定南门外录制完成。

在“十四五”期间，正定将继续丰富节事营销活动，积极开展湖面悬灯、三国IP展、烟花秀、声风集市，流光溢彩灯秀、沉浸式光影秀、音乐狂欢节、冰雪嘉年华等消费促进、创意体验和产品展销大型特色活动，提升全县时尚

消费和文化旅游活力。

（四）创新公服设施供给，实现共建共享

公共服务设施的有效供给是满足全域旅游快速发展的基本要求。随着正定县旅游吸引力越来越高，游客也越来越多，为了解决游客停车难、如厕难问题，正定县积极创新“共享”理念，大胆创新公共服务设施供给模式，城市停车设施建设列入河北省试点，实现了共建共享。正定县下大力度拆除了机关大院围墙，停车位、卫生间、开水间对外开放，抹平马路牙子，道路两侧便道施划停车线，城区内停车全部免费。加大便民自行车投放数量，古城内部投放免费观光车，安放石凳、便民椅、免费直饮水机，特别是创新城市家具，“2 椅 +1 桌”的摆放模式充分体现了“以人为本”的理念，方便了居民和游客，得到人们交口称赞。同时，改造提升机关、企事业单位内部厕所，向社会免费开放。正定县已经形成了景区 A 级旅游厕所、城市公厕、机关单位共享厕所相互补充，游客和居民共享，政府、景区、机关单位各自负责的管理体系，“厕所革命”取得丰硕成果。

（五）提升全域环境，实现宜居宜游

近几年，正定县大力发展全域旅游，为塑造旅游城市形象，举全县之力全面提升环境质量，成功创建全国文明县城、国家园林县城、国家卫生县城，是全省唯一一个三项荣誉创建成功的县。全县持续实施生态修复和绿化造林工程，全面落实“河长制”，高标准实施滹沱河生态治理和沿岸绿化，形成风光秀美的绿色生态景观带，生态、社会、经济效益日渐显现，滹沱河沿岸已经成为石家庄市民周末休闲娱乐的好去处，成功入选全省十大秀美河湖。同时，对景观大道、公园广场、国省干道等重点区域进行大规模绿化提升，高标准建成河北大道、滹沱河景观大道，建成莲池公园等 38 个公园游园。截至 2020 年年底，县城绿化覆盖率达 40.9%，绿地率达 37.8%，县域森林覆盖率达到 28.9%，荣获“河北省森林城市”称号。强化环境卫生、占道经营、交通秩序、广告牌匾整治，城区主街主路每天进行机洗机扫，荣获“河北省洁净城市”称号。另外，牢记习近平总书记“三农”思想形成的实践源头使命，大力实施乡村振兴战略。农村人居环境整治成效明显，两高沿线重点领域人

居环境显著提升，受到国务院通报表彰并奖励2000万元，是全省唯一获奖县。正定县通过对城区、农村、河岸的环境卫生和景观质量进行全面提升打造，为全域旅游发展创造了良好的环境，逐渐塑造了旅游城市的形象。

九、遵化市——文化遗产活化促进全域旅游发展

遵化市地处燕山南麓，南临津唐，东通辽沈，西顾京城，属京、津、唐、承、秦腹地，素有“畿东第一城”之称。遵化市是著名的“千年古县”和“畿东第一城”，是中国优秀旅游城市、历史文化名城，2018 年被国家旅游局认定为第二批国家全域旅游示范区创建单位，2019 年入选“中国最美县域榜单”。遵化市是世界上罕见的世界遗产群集聚区，包括举世闻名的清东陵世界文化遗产、长城世界文化遗产及有潜力培养成为全球重要的农业文化遗产的沙石峪，也是集生态环境和人文环境于一体的风水宝地、文化宝库、祈福圣地。全市现有世界文化遗产 2 处，国家 5A 级旅游景区 1 处，4A 级旅游景区 1 处，现在积极将恋乡小镇打造为国家 4A 级旅游景区。

近几年，遵化市全力推进全域旅游发展，依托丰富的文化资源，通过深剖资源潜力，塑造文化 IP，深推文旅融合，创新文旅营销，创新投融资方式，探索出了通过文化遗产活化促进全域旅游发展的“遵化模式”。经过近三年创建，遵化市旅游产业得到健康快速发展，重大旅游项目有序推进，旅游基础设施不断完善，旅游景区质量不断提升，旅游环境得以改造提升，国家全域旅游示范区创建工作收到了较好成效。

（一）深剖资源潜力，发挥品牌优势

遵化市文化旅游资源单体储量大，种类多，品级高，如清东陵的皇家盛世文化、风水文化、陵寝建筑文化等，马兰峪满族民俗、服饰、餐饮文化，罗文裕长城抗战文化、西铺穷棒子精神、鲁家峪抗战文化、沙石峪愚公精神、禅林寺宗教文化等。其中，清东陵作为世界文化遗产，是中国现存规模最宏大、体系最完整、布局最得体的帝王陵墓建筑群，不仅有能够体现大国工匠精神的精美陵寝建筑群，同时还具有众多的传奇故事，极具有开发价值。遵化北部以明长城为纽带，从西向东沿燕山余脉，如珍珠般点缀着罗文峪长城

抗战遗址、上关湖、汤泉、尚禾源、禅林寺、鹫峰山、般若湖、皇家狩猎场、蟠龙谷等景区景点，形成了绵延130多华里的古长城旅游带，资源禀赋高，发展潜力大。沙石峪村是全国闻名的当代“活愚公”村，素有“土如珍珠水如油，满山遍野大石头”之称，20世纪60年代在全村村民的劳动下创建了“万里千担一亩田，青石板上创高产”的世界奇迹，曾被周恩来总理赞誉为“北方农业的一面旗帜”，有潜力培养成为全球重要的农业文化遗产。在文化强国、文化复兴的新时代，这些文化旅游资源极具有开发价值。全市注重发挥本地的文化优势，挖掘文化内涵，讲好独特故事，让历史与现代交相辉映，让文化与旅游深度融合，打响文旅融合特色品牌，彰显遵化城市新形象。

（二）文化遗产活化，培育特色文化IP

遵化市积极响应文化复兴战略，遵循“遗产活化——保护与利用的双赢之路”的理念，在坚持保护的前提下进行文化遗产适度合理开发和建设。通过将历史悠久的皇家文化、长城文化、共和国记忆文化创新化利用，从以历史文化资源为依托进行旅游开发向以资本、创意和科技为驱动的文化旅游产品开发，将文化遗产跟现代人社会生活方式紧密结合创新文化旅游新业态，塑造特色文化IP，促进国家文化自信的建立和社会主义核心价值观的培育。力争将世界文化遗产变为世界品牌、国家资产、产业资本、精神财富，最终实现世界文化遗产滋养世界。

清东陵的文化遗产活化一方面与高科技、文化创意进行结合，创新文化体验项目；另一方面与周边的马兰峪满族风情小镇、汤泉御用温泉等皇家文化项目进行结合，互补性、联动性发展，开发皇家民俗文化体验产品，实现文化遗产活态化、创意产品艺术化、体验产品科技化，培育皇家文化IP。从而激活历史文物资源的生命力，最终实现生态效益、环境效益、经济效益和社会效益的辩证统一。长城在遵化境内绵延138华里，现有敌楼246座，多为明代长城，保存有北齐长城。将遵化的长城文化进行显性表达，开发长城人家、长城之夜灯光秀、长城战鼓队表演、长城抗战大讲堂、长城手工、长城礼物、印象长城、长城三农讲习社、长城版画箭扣营、长城咖啡馆、长城明信片、顺口溜等，将遵化的水下长城、“一步越千年长城”、长城抗战等尽情展示，打造遵化长城文化 IP。依托沙石峪著名的“愚公精神”、西铺的“穷棒子精神”及两个特色村落在共和国时期的国际影响力，深度挖掘两个村落在共和国时期的元素符号，如宣传标语、时代歌曲《马儿啊，你慢些走》、奋斗精神、愚公精神等，通过营造共和国时期的乡村景观，开发以“奋斗精神”“愚公精神”为主题的学习用品、文创摆件、生活用品、聊天表情包等，打造遵化独特的共和国记忆文化 IP，成为遵化的一张特色旅游名片。

（三）深推文旅融合，创新旅游业态

近年来，遵化市一直积极响应国家“以文塑旅，以旅彰文，文旅融合”重大发展战略，深入挖掘和整合文化资源，迎合市场需求，充分发挥皇家文化、红色文化、长城文化等底蕴深厚的文化优势，推进文化与旅游深度融合，强化载体建设和文创产业延伸发展，创新文化旅游产品业态，包括文旅小镇、特色景区、旅游演艺、特色节庆、博物馆、主题酒店等，力争将遵化市打造成京津冀文化休闲中心城市，提升遵化文化软实力和文旅产业吸引力。

遵化市依托历史悠久的皇家文化、红色文化等，启动马兰峪皇家金银小镇、沙石峪外交小镇等旅游项目建设。依托横穿北部 7 个乡镇的古长城，借助长城国家文化公园建设的大势，按照唐山市《长城国家文化公园（唐山段）建设工作推进方案（2020—2023）》，结合《遵化市全域旅游发展总体规划》，制定具体实施方案，开展长城国家文化公园（遵化段）规划、建设、保护、管理工作，着力打造长城文化特色景区。依托清东陵这个龙头旅游产品，与华侨城集团合作，谋划推进国家文物保护利用示范区创建工作，积极开发清朝宫廷体验项目，不断提升龙头带动能力。依托红色文化旅游资源，高标准规划建设鲁家峪文旅教育基地和西铺穷棒子历史博物馆等项目，打造集教育培训、研学旅行、体验休闲于一身的红色旅游综合体，努力打造“京东红色文化教育龙头”。

（四）创新五福营销，做活节事活动

遵化市深刻认识到旅游是典型的“眼球经济”“知名度经济”“品牌经济”，必须不断丰富载体、创新方式，才能让“京东福地 传奇遵化”的旅游品牌享誉中外。因此，依托自身的优势文化旅游资源，创新节事营销，谋划

“畿东第一城 乐活享五福”五福营销活动，引爆文旅消费市场。依托清东陵精美的陵寝建筑及传奇故事，谋划“传奇东陵·大国工匠”主题演艺，挖掘清东陵选址、设计、烫样、施工、盗墓及修复过程中的传奇故事和大国工匠精神，让海内外广大游客更加了解清东陵是世界级的富有传奇故事的艺术宝库、天才杰作，一饱眼福。依托遵化市清东陵、马兰峪、汤泉浓厚的满族皇家饮食文化（“上八珍”“中八珍”“下八珍”）、遵化市特色的传统美食，谋划“满韵清风·饕餮八珍”饮食文化节，让游客一饱口福。依托历史悠久的满族贵族文化，开展“丝竹风流·戏说遵化”戏剧文化节，对满族的京剧、皇宫歌曲等进行演绎，使这些历史文化进行活化，让游客一饱耳福。依托汤泉悠久的历史及珍贵的温泉资源，在汤泉乡策划“皇家康养·古汤新韵”主题的“汤泉汇”节事活动，让游客一饱身福。依托娘娘庄乡良好的山水自然环境及神秘的传奇文化色彩，开展“世外桃源·果木飘香”主题的春季观花和秋季采摘活动，让游客一饱鼻福。

（五）创新投融资方式，发挥财政资金引导作用

为更快地推进全市全域旅游示范区创建工作，满足文化型旅游项目投资大的需求特点，遵化市推出一系列的投融资创新举措。首先，制定出台了《关于支持旅游业发展用地政策的意见》《推广运用政府和社会资本合作（PPP）模式的实施意见》等相关政策性文件，促进财政资金与社会资本合作，发挥财政资金的引导作用；通过“财政专项列支，部门划拨支撑”的财政金融支持政策创新。其次，通过大项目招商引资，解决旅游建设投资难题，2017年以来已有12个亿元以上文旅项目签约，总投资1000多亿元，如金融街集团投资100亿元的古泉小镇项目、碧桂园与河北百悦投资300亿元的恋乡小镇等项目已陆续开工建设。最后，创新投资方式，采取地方企业建设基础设施、合作方投资开发运营、政府提供政策支持的方式完成总投资1.2亿元的旅游集散中心建设；与九次方大数据信息集团等社会资本合作建设智慧旅游平台项目；成立了“遵化市旅建公司”，重点通过PPP等融资模式加强旅游相关基础设施建设工作；利用小额信贷等政策支持小微旅游企业创业，吸纳更多社会资本特别是战略投资者参与遵化市文旅产业的大开发、大建设，形成了多渠道、多形式筹资的旅游投资新机制。

十、桃城区——湖城乡旅联动促进全域旅游发展

桃城区是衡水市政府驻地，是全市政治、经济、文化、交通、商贸、金融、科技、教育中心。京九铁路、石德铁路在桃城交汇，成为铁路、公路“黄金十字交叉处”，衡水站为京九铁路京南第一大站，是石德线连接京广、京九、京沪三条铁路大动脉的中心枢纽，成为华北地区和雄安新区的综合交通枢纽。伴随高铁时代，桃城将融入雄安新区半小时经济圈和京津石济一小时经济圈。衡水市依托石衡沧港和京九高铁等交通优势将成为高铁新秀城市，并确立在京津冀城市群中“一枢纽、四基地”的功能定位，力争打造成为京津冀协同发展战略腹地和城乡统筹发展重要示范区。桃城区旅游资源丰富，类型多、融合强，具有极大开发潜力。核心资源提炼为“一湖老酒，都市田园，科创高地，多彩桃城”。现有国家4A级旅游景区衡水湖，国家3A级景区绿岛戏水乐园，国家2A级景区宝云寺、邓庄农业科技示范园区、习三内画博物馆、中国书画博物馆等。2017年9月，桃城区成为河北省首批省级全域旅游示范区创建单位。

近几年，桃城区抢抓京津冀协同发展、雄安新区规划建设、高铁时代来临、绿色发展和创新发展战略深入实施等重要机遇，全力创建全省科技创新、乡村振兴、全域旅游、全民健身“四个示范区”，推动多个现代体系建设，积极落实乡村振兴和新型城镇化战略，推进城乡统筹融合发展新格局——1个主城区+3个卫星城+多个特色村，探索出一条湖城乡旅联动发展的特色之路。

（一）践行湖城一体，建设生态湖城

衡水湖是国家级自然保护区、国家级水利风景区、国家4A级旅游景区，享有“东亚地区蓝宝石”“燕赵最美湿地”的美誉，是“河北省衡水湖湿地和鸟类自然保护区”。衡水湖作为桃城旅游核心吸引物的魅力度、体验性、亲和力欠佳，湖城融合性不强，带动区域发展的效能不够。在推进全域旅游发展过程中，桃城深入学习习近平生态文明思想，坚定走绿色发展、生态优先之路，践行“湖城一体”融合发展战略，严格执行衡水湖国家级自然保护区规

划和生态旅游规划，划定特别保护圈（核心区和缓冲区）、综合示范圈（实验区和示范区）、战略协同圈、流域协作圈四个圈层，实验区内重点发展生态旅游业、无公害观光农业。同时，推进城市双修健康发展。通过对桃城段滏阳河、吴公渠、老盐河等进行生态修复、水体治理、驳岸修复，加强城市公园绿地体系与绿道、绿廊建设，进行大量的生态修复；对城区内实施遗产保护、文脉复兴、风貌优化、路网构建、设施提升、空间再造、旅游发展、形象塑造、文明建设，重点打造十八酒坊文化旅游区、中心文化博览园等文旅项目，将桃城主城区打造成为优质现代的特色滨湖旅游城市和园林城市。通过“湖城一体”战略的实施，将桃城打造成为引领和支撑衡水市全域旅游发展的都市旅游核心区，带动区域快速崛起。

（二）科技创新引领，打造科创新城

近两年，随着城市转型发展，衡水市重点打造“3+2”市域主导产业，包括高端装备制造、新材料、食品和生物制品三大主导产业，服务机器人、数字信息安全两大未来产业。与此同时，桃城区新旧动能加速转换，现代产业新格局开始形成，建立了数字金融及信息安全产业、智能智造产业、新材料产业、运动休闲旅游产业、文化教育旅游产业、农旅产业六大新兴战略型支撑产业集群和“2+6”现代产业体系，被评为河北省创新型示范区。桃城区与国家体育总局航管中心、中国服务机器人产业联盟、武汉光谷、中关村硅谷创业中心、中国空间技术研究院 503 所等多家科技创新部门建立紧密合作关系，引进多名国家“千人计划”专家，仅 2017 年项目引资就超过千亿元。桃城区依托自身产、学、研等科技型大平台和管理体制的日渐完善，建立创新型现代产业链体系，同时结合新时代旅游休闲行为，加快“科技 + 旅游”的多种业态类型的创新，如旅游电子商务、智慧旅游企业、智慧旅游产品、智慧政务示范、科技研学开发、科技商务会展等，促进旅游与互联网的融合。依托赵圈高新技术开发区、衡水老白干工业旅游示范园区，利用现代先进的科技，以满足游客参观、学习、娱乐、购物等需求，力争打造成为高端前沿创新创业孵化基地、京津冀科技创新和产学研合作基地等。

（三）城乡共同振兴，实现新型城镇化

随着衡水市进入高铁时代，城市发展水平与交通区位的不匹配问题日渐凸显，如城市旅游化不强、核心吸引力景区缺少、城市休闲品质不高、旅游带动的城市化不足，城区亟须进行全面升级打造。近两年，桃城区谋划并逐步实施城区升级打造工程，对城区实施湖城融合化、城市现代化、主城旅游化、产城一体化、壮大夜经济和夜生态、风貌协调化、布局整体化、项目精优化一系列提升策略，力争将城区打造成为集生态园林城、文化旅游城、商贸休闲城、教育研学城、运动康体城、现代智慧城于一体的衡水城市会客厅和全域旅游服务大本营。同时，桃城从交通联动、产业支撑、公共服务均等化等方面促进城乡联动发展，实现新型城镇化。依托桃城区东部和西部良好的现代农业发展基础及历史悠久的特色民俗文化，大力发展乡村旅游，通过农业种植与大地景观营造、生态农产品旅游商品开发、特色村落的旅游开发、特色种植园的旅游开发、美丽乡村旅游开发，力争将桃城乡村打造成为农业文明的复兴地、盛世乡愁的体验地、传统文化的弘扬地、家园红利的再生地、诗意栖居的理想地，吸引当地老百姓通过多种方式参与到乡村旅游的开发运营中，实现当地老百姓的就地就业。另外，有序推进重点村镇的污水处理、厕所改造、道路提升、垃圾治理、村容村貌提升、农村现代治理体系建设等工作，逐步实现乡村就地城镇化。

（四）提升轴带景观，促进区域联动

桃城区中部为主城区和衡水湖，东部、西部休闲农业发展基础良好，滏阳河贯穿桃城东北到西南方向，依托现有的旅游资源分布特点和产业发展情况，桃城确立了全域旅游发展的空间布局为“一核聚力·两翼齐飞·一带贯通·三轴联动”，“一核”为湖城发展核，“两翼”为东部的田园创意区和西部的湖乡休闲区，“一带”为滏阳河文化景观带，“三轴”为中湖大道景观轴、榕花大道景观轴、人民大道景观轴。依托滏阳河流域历史悠久的湖乡耕读文化、时尚运动文化、桃李教育文化、禅修文化、古河文化、古城酒业文化、市井商贸文化等经典文化，做活文化创意产业，通过生态修复、文化活化、景观打造、项目建设、设施完善等举措，将滏阳河打造成为集生态、文

化、产业、生活于一体的文旅发展综合产业带，串联起航空小镇、教育小镇、智慧光影小镇、保利大剧院、奥体中心、文化博览园、科创小镇等项目，实现区域的联动发展。同时，创新“旅游＋交通”的发展模式，打造中湖大道、榕花大道、人民大道景观轴，使一轴串多景连多点，实现交通、风景、休闲旅游一体化发展，做优大道综合效能，做活轴带经济产业。

十一、康保县——特色产业扶贫促进全域旅游发展

康保县位于张家口市西北部，地处河北省与内蒙古接合部内蒙古高原的东南缘。历史悠久，文化底蕴深厚，是张库大道遗产线路上的重要节点，多元民族与文化的聚集地、游牧—农耕文明交错带，具有丰富的牧场文化、弥久至长的金代界壕和边城文化和多样的民俗文化。同时，康保地貌多样、地广人稀，具有独特的自然资源，是中国风能、光能资源最好的地区之一。康保草原属于锡林郭勒草原南缘，是京北十大草原之一，波动跌宕、疏朗大气。因生态环境良好，康保县是世界珍稀濒危鸟类之一的遗鸥生存繁衍的天然栖境，2017 年被中国野生动物保护协会正式授予“中国遗鸥之乡”荣誉称号。康保县夏季天蓝、气清、日暖、干爽，负氧离子充足，享有“天然氧吧”美誉，农牧产品绿色、生态、健康、优质，适合开发避暑、康养、度假旅游产品。康保县虽人文资源和自然资源都很适合开发旅游产品，但资源多数处于原始化状态，未进行旅游开发建设，仅有一家国家 2A 级旅游景区，同时由于区位偏、外部交通差、产业单一、基础差、贫困深等问题，近年来一直存在坝上旅游热，康保旅游冷的瓶颈。

康保县原属河北坝上特困地区，是国家级扶贫开发工作重点县，全省重点支持的 10 个深度贫困县之一，脱贫攻坚任务艰巨。自 2017 年以来，康保县委、县政府将可再生能源业、特色现代农牧业、生态旅游服务业作为攻坚脱贫的三大主导产业，同时培育其他特色产业。在全省大力创建全域旅游示范省的时代背景下，康保县也全力推进全域旅游发展，走出了一条特色产业扶贫和全域旅游发展相互依存、相互促进的康保脱贫致富之路。

（一）坚持六大自信，坚定脱贫信念

康保县近年来在国家生态文明战略、文化复兴战略、乡村振兴战略、健康中国战略、“一带一路”倡议等重大战略指导下，坚定“发展全域旅游，路子是对的，要坚持走下去”的道路自信，“绿水青山就是金山银山”“冰天雪地也是金山银山”的理论自信，具有世界级潜质的自然资源的资源自信，高品级的多元文化聚集地的文化自信，北京七环建设精准对接坝上自驾游市场和体育健身市场、康养度假市场发展迅猛的市场自信，坚定旅游扶贫致富的信念，大力发展全域旅游，培育特色产业，全力攻坚脱贫。

（二）做好五大结合，明确发展之路

康保县在推进全域旅游发展的工作中注重五大结合，明确了未来的发展方向。第一，在战略方面，与党的十九大新战略进行紧密结合。习近平总书记在十九大报告中指出，要加快生态文明体制改革，建设美丽中国。康保县是京津冀水源涵养功能区，生态文明先行地，也力争打造京津冀新兴的康养度假目的地，旅游业作为绿色产业、无烟产业，成为加强生态文明建设的重要产业选择，是实施美丽中国战略的有效途径。第二，在目标方面与精准脱贫紧密结合。旅游业正逐渐成为精准扶贫的先行者，康保良好的生态环境、独特的自然景观以及未经商业开发保留的原生态风貌，贫困地区旅游业的发展潜力与发展空间巨大。第三，在业态开发方面与休闲相结合。在大众旅游的时代背景下，康保发展旅游与休闲业态紧密结合，将旅游资源转化成可观光、可休闲、可娱乐的旅游产品，同时带动旅游全要素的发展，使旅游真正成为康保县的城市名片。第四，在项目打造方面与冬奥会相结合。发挥康保县的地理区位优势，借助2022年北京与张家口市合办冬奥会的契机，康保县旅游发展与冬奥会紧密相连。借助特色资源，努力将康保打造成为冬奥旅途及草原时尚旅游目的地。发挥康保绿色农业优势，力争打造成为冬奥会绿色农牧产品配给基地，提升康保农业产品的知名度，打响康保优质农产品品牌。第五，在线路打造方面与草原天路相结合。充分发挥康保县作为“国家1号风景大道”上重要节点的区位优势，开发旅游公路展现沿线蜿蜒曲折、河流山峦、沟壑纵深、草甸牛羊、景观奇峻的景观风貌，并开发张库商道历史走

廊上精彩路段黄金驿站，展现一幅优美风景画卷及众多人文、生态和地质旅游景观。

（三）多产融合发展，拓宽致富渠道

近几年，康保县通过深化改革、绿色引领、多产融合、创新发展，建立战略性绿色主导产业体系，包括国际时尚、运动新潮的时尚旅游服务业，绿色田园、健康体验为主的绿色生态康养业，建设规模综合、科技创新的综合新型能源业，以及集约高效、精品休闲的特色现代农牧业四大产业，力图将旅游业打造成为地方新兴动力产业，扶贫富民幸福产业，现代服务龙头产业以及城乡统筹联动产业。

同时，推动多种产业深度融合，通过“旅游+”和“+旅游”主动无缝链接模式，构建康保全域旅游“产业全融合”大格局。推进旅游业与运动、马术、新能源、农牧业、乡村、文化、休闲、大健康八大产业融合创新发展，充分发挥旅游产业的综合带动性，打造多种产业百花齐放的局面，为当地脱贫致富保驾护航。

（四）对接扶贫政策，创新扶贫项目

康保县深知旅游已成为产业扶贫的生力军，全县大力实施旅游扶贫。乡村旅游是全域旅游很重要的一部分，两者分别从宏观和微观两个方面作用于乡村振兴与乡村扶贫的事业。乡村旅游是旅游精准扶贫的核心，是乡村振兴战略的重要抓手，具有门槛低、关联高、成本低、效率高、带动强、就业广、持续性强、返贫率低的特点。

近几年康保县深入研究扶贫、国土、发改委、农林、文旅、住建、交通、环保等相关部门发布的扶贫相关政策，充分利用政策支持，结合自身实际，充分发掘自身特色、利用资源优势、找准发展思路，谋划并实施了一批政策资助的项目。同时，谋划了一批不同旅游扶贫发展类型的项目，包括以家庭农场、农业园区、光伏产业园、现代物流园为代表的产业园区型扶贫项目，以马术小镇等多产融合型、风光小镇等新能源型为代表的特色小镇扶贫项目，以旅游服务型美丽乡村、产业扶贫型美丽乡村、景区带动型美丽乡村为代表的特色旅游村镇型扶贫项目。鼓励当地村民通过土地入股、资金入股、劳务吸纳、产品销售、经营管理等多种途径积极参与到扶贫项目的建设运营中，使当地村民在家门口增收致富，实现了“旅游做加法，贫困做减法”。

十二、灵寿县——生态康养度假促进全域旅游发展

灵寿县地处河北省中西部，省会石家庄的西北部，西依太行山，东临华北平原，处于太行山到华北平原的过渡地带，地貌格局大体是“七山二水一分田”。独特的地理位置使灵寿县成为山水生态旅游资源的富集区，具有得天独厚的山地森林养生度假环境。其中，龙头景区五岳寨景区是国家森林公园、河北省地质公园（正积极申报国家地质公园），被誉为“河北省省会后花园”。景区年平均气温 12℃，7 月平均气温 19℃，空气中负氧离子含量最高时达每立方厘米 50000 个，属于典型的“康乐气候”，被誉为“天然大氧吧”。

2016 年 12 月，灵寿县入选为河北省级县域全域旅游示范区创建单位，南营乡入选乡镇域全域旅游示范区，为灵寿发展全域旅游带来了有利契机。近几年，灵寿县将全域旅游作为推进产业结构转型升级的重要抓手。以举办第四届石家庄市旅游产业发展大会为抓手和契机，大力推进全域旅游示范区建设。在康养度假旅游市场需求紧俏的时代背景下，充分发挥自身的生态优势，全面统筹整合自然生态、历史文化、红色旅游、农业观光等多种旅游资源，推进旅游产品供给侧结构性改革，谋划建设了一大批精品旅游项目，实现了原来的生态观光向生态康养度假转变，最终擦亮了“灵山秀水·常来长寿”的旅游名片，全域旅游实现了跨越式发展。

（一）发挥资源优势，明确发展方向

灵寿县山水生态资源丰富，组合度好。北部地区拥有山、峰、谷、洞、林、泉、河等多样的山水资源及众多的生物资源，中部地区拥有低缓的丘陵、广袤的华北平原、水库和河流，现代农业发展迅速，南部毗邻黄壁庄水库和滹沱河，湿地资源丰富，形成了滹沱河湿地田园景观。灵寿县从北到南资源特点各不相同，其高密度的森林覆盖率及其独特的气候非常适合开发养生度假旅游产品。

近两年灵寿县依托“灵山、秀水、绿林、农园、乡村、中药、人文”旅游资源，放大自身资源优势，开始从生态观光向生态康养度假转变，围绕京津冀避暑避霾市场需求，全面提升全县休闲感、旅游感和康养氛围，最终将形成以“疗养、住养”为主的五岳山地康养，以“动养、观养”为主的横山滨水露营和燕川渔乐休闲，以“文养、食养”为主的中山田园养生为特征的旅游吸引物，大力营造主客共享的高品质度假空间和生活环境，将灵寿县打造成为个性化、特色化、多体验的京津冀康养度假旅游目的地，全面打响“灵山秀水·常来长寿”旅游品牌。

（二）就近资源整合，共建国家度假品牌

灵寿县现有 3 家国家 4A 级旅游景区，为五岳寨景区、水泉溪景区、秋山原生态自然风景区，还有多个资源禀赋较好的景区，如织女山景区、五郎寨景区、三梦山景区等，景区数量多，但总体上建设水平滞后，知名度低，以生态观光旅游产品为主，新业态产品急缺，游客半日游居多，与现在的休闲度假旅游市场需求极度不符。并且各个景区多是单打独斗，景区之间联动性较差。

近两年，灵寿县筛选出重点区域，就近整合优势资源，进行强力破局，谋划系列国家级度假品牌大项目。以五岳寨、漫山花溪谷、锦绣大明川休闲度假康养小镇、王母瑶池旅游度假区、车谷驼等景区为龙头，整合周边景区及乡村旅游资源，从观光、休闲、度假、产业等层面立体开发，构建五岳寨旅游体验系统，即产业支撑系统、旅居度假系统、休闲聚集系统、核心吸引系统，推进五岳寨国家旅游度假区的申报工作。实现从“单一景区”观光模式向“多位一体复合型旅游度假区”模式转变，单纯观光向综合体验拓展，与此同时，培育康体养生、休闲度假、乡村休闲、自驾旅游、山地休闲等新型养生度假产品体系，实现多业态创新整合，打造成为太行山避暑度假品牌示范地。同时，依托横山湖沿岸良好的自然生态环境，整合周边的陈庄战役纪念馆、幽居寺等历史文化资源和秋山、三梦山等自然资源，按照世界露营总会（FICC）四星级标准打造横山湖国际露营公园，成为中国北方地区首家以“智慧、绿色、环保、创新、融合”为理念的新业态露营主题公园，是一处集健康养生、旅游度假、观赏、露营体验、美食品尝、户外运动、婚礼、会议、教育研学于一体的跨界融合的创新景区。另外，以燕川水库为核心，整合燕川水库资源、中草药种植区、牡丹园区、养殖基地、美丽乡村建设及现有农家乐，运用“大湖区”概念，构建集国家级休闲垂钓、中药康养度假、休闲农业体验、乡村休闲为一体的特色旅游度假区。依托中山国灵寿古城遗址公园、松阳河新区打造中山田园养生区。

（三）丰富旅游产品，延长停留时间

灵寿县原来旅游产品单一，以观光旅游产品为主，游客停留时间短，消费水平低。近两年，灵寿围绕“灵山秀水·常来长寿”旅游品牌，依托自然生态、历史人文等优势资源，以生态观光旅游为基础，以康养度假、乡村旅游、文化体验、自驾露营为主攻方向，通过有效整合，提升品质、培育精品，着力打造一批具有较强吸引力的旅游产品，大力实施全域旅游精品战略，全面构建以康养度假为龙头旅游产品，生态观光、文化体验、乡村旅游、自驾露营四大重点旅游产品体系。依托五岳寨、漫山花溪谷、横山湖、燕川水库、南部特色乡村等旅游资源，重点发展由山地避暑休闲、滨水休闲度假、田园养生度假、康体运动产品构成的康养度假旅游产品。依托良好的山水生态资源，开发四季观光、山地观光、水域观光等观光旅游产品。依托历史悠久的中山文化、乡贤文化、红色文化资源，开发灵寿人文体验旅游项目，全面展现灵寿文化精髓，陆续开发历史研学、遗址观光、红色旅游、民俗节庆等多种类型的灵寿文化体验产品。依托历史文化名村、传统村落、田园村落、特色小镇，打造滹沱河乡村旅游圈、环五岳寨乡村旅游圈、环横山湖、磁河、燕川水库乡村旅游集聚区，全面推动灵寿乡村旅游的转型升级。依托交通干线、支线、乡村公路，形成覆盖全域的自驾公路体系，在风景优美、地势平坦之地或景区，建设自驾车营地体系，开发自驾露营旅游产品。同时，加强打造四季旅游产品，特别是冬季旅游，让游客春有所赏、夏有所观、秋有所览、冬有所玩，开发夜间旅游产品，让游客夜有所乐，提升过夜率。

（四）完善服务设施，提升服务质量

近几年，为快速推进全域旅游发展，全面提升完善全县的旅游服务设施。

一是加强“快进慢游”旅游交通网的构建。2018年，打通城区9条“断头路”“卡脖路”，完成15条道路“白变黑”工程，实施了207国道中修、行陈公路改造等工程，县域路网不断优化。2019年，全县投资15.4亿元高标准建成磁河大道、河北大道，打通了贯穿南北、连接东西的旅游“主动脉”。二是实施智慧城市建设。2019年，启动智慧城市建设，相继构建智慧旅游大数据平台，开通灵寿文旅公众号，开发一部手机游灵寿App，完善各旅游景区票务、闸机、道杆等系统软硬件建设，完善灵寿县景区信息化基础，建设景区智能票务系统及停车场系统，加强与省、市旅游平台的衔接，全力加快资源共享、数据融合、服务联动进程，推动全县全域旅游的服务智能化和数字化。三是加强旅游要素全域配套和品质提升。前几年灵寿县的餐饮服务、住宿设施、娱乐产业、特色旅游商品等传统旅游要素发展粗放，配套不全，亟须提档升级。近两年，全县大力提升传统旅游要素，优化住宿接待设施的类型和等级结构，提升旅游综合接待功能，创新发展一批精品民宿、露营基地、野奢型酒店等，同时建立了“供销e家”“灵寿供销”电商服务平台，特色农产品实现线上销售，灵寿丹参入选了“电商扶贫优秀农特产品”，灵寿桑茶入选了“电商扶贫重点扶持农特产品”，大力推进核桃、食用菌、中药材等特色农产品“三品一标”认证。

第五章 “十四五”时期河北省全域旅游高质量发展路径

高质量发展是“十四五”时期我国文化和旅游业发展的主线，也是实现文化和旅游业健康可持续发展的必由之路。“十四五”期间，河北省要紧紧围绕国家生态文明建设、乡村振兴、双循环格局构建等战略部署，结合国家在乡村振兴、文旅产业、大健康产业等领域出台的一系列产业扶持政策，坚持以“创新、协调、绿色、开放、共享”五大发展理念为统揽，大力实施质量兴旅、质量强旅战略，依托良好的发展基础和优势精品旅游资源，以创建国家全域旅游示范省为契机，以旅游业供给侧结构性改革为主线，以全域旅游示范区创建为抓手，通过注重示范引领、深推产业融合、刺激文旅消费、强化科技助力、推动产业集聚、主客共建共享，构建“全域共学—全域共融—全域共建—全域共智—全域共联—全域共享”的河北省全域旅游高质量发展模式，不断提高全省文旅产业的质量效益，加快推进河北省由旅游大省向旅游强省的跨越。

一、全域共学，注重示范引领

（一）总结创建经验，编册宣传学习

由政府主导、旅游规划设计或旅游文旅产业研究部门负责整理，从国际、国内和全省三个层面搜集整理全域旅游发展先进地区的资料信息，以国际案例打开思路、以全国全域旅游示范区典型案例为重点、以省内全域旅游示范区为样板，研究典型的全域旅游发展模式、创建路径相关经验及每种模式适应的地区特点，高标准编制《河北省全域旅游示范区创建学习手册》，在全省

范围内进行印发学习。每个地区可根据自身情况，定期邀请文旅产业相关专家针对《河北省全域旅游示范区创建学习手册》内容进行实地培训和线上讲解学习。

（二）注重基层培训，上下联动交流

自从秦始皇提出郡县制后，正如毛泽东诗云，中国“百代都行秦政法”，县域是我国最基本、最完整、最基层的行政管理单位，所谓“上面千条线，下面一根针”，各大部委的法规文件都要县级层面来落实，所以全域旅游示范区创建的基本单位是县级，因此全域旅游发展必须由地方党政一把手挂帅来全面系统推动[95]。县级政府领导及乡镇基层领导对全域旅游的理解、认识直接影响到全域旅游的推进进度与发展质量。因此，高质量推进全域旅游创建工作的落地实施，必须保障主要参与领导及时领会到全域旅游发展的前沿信息、推进意义和创新做法。首先，加强省内外典型地区的实地考察学习；其次，定期邀请相关专家组织培训学习；最后，加强上下联动交流。全域旅游示范区创建是一项实践性很强的工作，坚持“群众是真正的英雄”，充分听取和发掘乡镇基层的发展思路和经验，做到有问题及时解决、有经验广泛推广、有“好点子”尽快落地，“内外兼修”推动河北省全域旅游高质量发展。

（三）鼓励先行先试，继续动态管理

改革创新是全域旅游发展的核心与灵魂，是创建国家全域旅游示范区的关键要素。发展全域旅游的核心在于以旅游为优势产业的区域，通过改革创新，破除传统旅游发展的障碍，促进全域旅游的发展，以旅游业引领和促进全面深化改革[96]。鼓励地方政府根据自身情况，积极探索创新，敢于突破，绕开现有不合理的体制限制，找到能够解决地方长期发展问题的突破性、实质性措施，如旅游管理体制、旅游用地政策、投融资体系、门票价格改革、旅游人才引进、项目审批、公共服务、旅游数据统计、产业融合等方面，强调各地先行先试，大胆实践，发挥旅游业在改革开放中敢为天下先的优良传统，形成全域旅游发展的新模式，从而带动相关经济社会改革。同时，针对省级全域旅游示范区，继续实施动态管理，会同有关部门研究制定《国家全域旅游示范区创新发展管理办法》，建立动态管理机制，有序推进下一批全域旅游示范区创建工作。

（四）打造示范模板，梯队推进建设

为推进河北省全域旅游高质量发展，全省探索构建具有河北特色的“中心城市＋创新平台＋标杆片区＋示范县市＋样板乡镇（模范乡村）+典型项目”的全域旅游推进模式，即以提升旅游综合服务功能为核心，打造一批现代旅游休闲城市；以国家重大战略为引擎，打造一批全域旅游战略创新平台；以省市旅发大会为平台，对照全域旅游示范区验收标准打造一批标杆片区；以全域旅游示范区创建为抓手，打造一批示范市县；为支撑县级全域旅游示范区创建，打造一批资源密集、发展基础良好、特色明显的样板乡镇和模范乡村；以提升片区旅游核心吸引力为目标，打造一批典型项目。通过打造创新平台、标杆片区、示范县市、样板乡镇、模范乡村、典型项目，由县及市到省形成多梯队、成批次的全域旅游创新发展模式。

（五）对标举办旅发，升级示范创建

近年来，河北省、市旅游产业发展大会举办得如火如荼，有力地推动了全省文化和旅游产业改革发展，已经成为贯彻落实新发展理念和推动区域综合发展的重要平台，更是建设旅游强省和推进全域旅游发展的重要抓手。旅发大会的建设成果不是做给领导看的，更不是仅仅为旅发大会期间的观摩而搞的大投资、大建设。“十四五”期间，由省委、省政府强力推动，按照“整合资源、区域联动、政府引导、市场运作、新业态引领、产业化发展、全民参与”的思路，要坚定不移继续办好省、市旅发大会，并且由快速建设转向高质量对标建设，优化办会模式，强化信息化、智慧化支撑，实施“线上＋线下”结合办会，鼓励旅发大会与大型赛事、会议展览、招商引资活动等联合筹办，进一步发挥旅发大会的综合带动作用。依托省、市旅发大会平台，提早、合理确定大会举办地，当地要按照全域旅游示范区的创建标准，运用工匠精神进行高标准建设、经营与管理，确保旅发大会大大促进当地的文旅产业发展、提升城乡环境和城市品牌形象。同时，通过建立旅发大会回头看机制，查漏补缺，支持旅发大会举办地积极创建全域旅游示范区，为河北省文旅产业高质量发展贡献力量。

二、全域共融，深推产业融合

加强旅游产业与其他产业融合是高质量发展背景下促进产业结构优化、创新组织发展动力和提升产业核心竞争力的有效途径[28]。充分发挥旅游业"关联度高、带动力强、覆盖面广"的黏合作用，大力实施"旅游+"和"+旅游"战略，推进旅游与其他产业更广范围、更深层次、更高水平融合发展，满足新需求、催生新业态、延伸产业链、创造新价值。

（一）市场需求导向，有效产品供给

市场需求的变化是促进旅游与其他产业融合发展的重要因素。新时期文旅消费市场呈现人群精细化、度假猎奇化、旅游品牌化特征，文化旅游、乡村旅游、自驾旅游、康养度假、研学旅游成为火热的旅游类型。新的市场需求特点催生新的产品业态供给，通过旅游产业与其他产业融合发展，不断满足广大游客的新型消费、升级消费和品质消费，实现旅游供给侧的有效改革。

近几年，消费者越来越注重生活中的文化体验，中国文化旅游市场已经成为旅游市场的新领域、新热点。积极推进文化和旅游理念融合、产业融合、市场融合、服务融合、交流融合，促进优势互补，形成发展合力，探索文旅融合驱动全域旅游发展的新路径[96]，创建一批国家文化产业和旅游产业融合发展示范区。第一，着力推进理念融合。牢牢树立文化和旅游"以文促旅、以旅彰文、和合共生"的融合理念，坚持宜融则融、能融尽融的原则，推动文化和旅游深融合、真融合。第二，着力推进产业融合。首先，国家文化公园建设树样板。要全面保护长城、大运河文物和文化遗产，创新国家文化公园建设管理体制机制，探索新时代文物和文化资源保护传承利用新路径，扎实推进长城、大运河国家文化公园（河北段）建设走在前列，做出成效、形成示范。其次，文化旅游项目做精品。把提高服务品质与改善文化体验结合起来，实施文化创意可视化、演艺化、科技化、节庆化、园区化、商品化、游乐化，打造一批文化底蕴深厚的文化休闲精品景区，培育一批旅游融合型的文化创意产业园区，推出一批精品旅游演艺项目，开发一批精品文化旅游商品和纪念品，创新一批文化旅游业态，创建一批国家文化和旅游消费试点

城市和国家文化和旅游产业融合发展示范区等。创新举办河北省文创和旅游产品创意设计大赛活动，认定一批省级旅游购物商店和特色街区。最后，文化旅游线路塑品牌。推出更多红色文化研学游、历史文化寻根游、非遗体验游、古村古镇观光游等专题文化旅游精品线路。第三，着力推进市场融合。鼓励文化机构和旅游企业对接合作，形成客源共享、市场共建、品牌共育、利益共享的融合发展新局面。支持文化和旅游跨业企业做优做强，推动形成一批以文化和旅游为主业、以融合发展为特色的领军企业和骨干企业。促进市场监管融合和文化市场综合执法队伍整合组建，打造统一有序、供给有效、富有活力的文化和旅游市场，为文旅融合发展提供一方沃土。第四，着力推进服务融合。探索建设、改造一批文化和旅游综合服务设施，积极整合博物馆、科技馆、艺术馆、剧院（场）、实体书店等文化场所，将其纳入旅游线路，同时融合特色咖啡馆、茶社、酒吧、美食街等，打造优享文化休闲精品项目，建设成为游客喜爱的文化体验打卡地、传播河北优秀传统文化的有效平台。第五，推进交流融合。公共文化机构、旅游景区景点等要发挥好平台、阵地作用，主动承担更多社会主义核心价值观传播弘扬、教育普及职能，更好构筑中国精神、中国价值、中国力量。

针对日益火爆的周末短途游、微度假、亲子家庭游、休闲农业旅游市场，推动旅游业与农业农村的融合发展，全省实施旅游引导的乡村振兴战略。以“资源化整合、精品化打造、片区化开发、产业链带动”为方向，精品化、度假化、创意化开发一批田园综合体、共享农庄、乡土游乐、农耕体验、精品民宿、旅游小镇、房车营地、艺术公社等乡村旅游新业态和新产品，实现“农业产业＋文旅配套＋文旅社区”综合开发，打造太行山水人家、湖泊湿地船家、长城文化老家、华北田园农家、海滨海岛渔家、坝上草原牧家六大乡村旅游品牌，打造城市居民周末休闲度假的“第二家园”，建设自然环境优美、接待设施完善、资源有机整合、产业要素齐全的乡村旅游集聚带。策划系列“周末在冀”乡村旅游节庆活动和推出一批特色乡村旅游线路，对标民宿进行转型升级，提升一批“冀里乡居”休闲住宿产品，培育“河北游礼·冀忆乡礼”系列旅游商品，构建乡村旅游商品统一品牌。推进红色旅游与乡村旅游融合发展，积极探索发挥红色旅游和乡村旅游富民功能。

中国“老龄化”进程的加速，后疫情时期人们对“健康”的迫切追求都使生态康养旅游、康养健身旅游、休闲度假旅游成为未来旅游市场的新需求热点。“十四五”期间，要以“健康河北”为目标引领，促进旅游产业与大健康产业的深度融合，开发生态康养、中医药康养、温泉康养、运动康养、高端医疗等康养度假旅游产品，建设康养旅游强省。重点推进北戴河国家生命健康产业创新示范区等建设健康旅游服务集聚区，平山温塘、赤城温泉、白洋淀温泉、清东陵汤泉、霸州温泉等建设以医养结合为特色的康养旅游示范基地，安国、内丘、巨鹿、滦平、馆陶等地建设有人文特色的中医药健康旅游示范区，太行山脉沿线建设生态康养示范基地和运动康养示范基地。

针对日益火爆的研学旅游市场，围绕国家和河北省的重大战略，依托河北省的特色旅游资源，打造红色记忆、冬奥精神、雄安质量、太行精神、科普教育等研学旅游品牌。借势庆祝建党一百周年，依托西柏坡、狼牙山等红色文化旅游资源，大力开发红色研学旅游产品，加强党史、新中国史、改革开放史、社会主义发展史“四史”教育①，通过国家故事、国家制造、国潮文创、国产电影等，推动红色旅游供给端的产品创新和服务创新，推出一批红色研学旅游融合发展示范区和建党百年红色旅游精品线路。发挥工业文化研学教育功能，鼓励各地利用工业遗产、老旧厂房等设施培育一批工业文化研究实践基地（营地）、创新工业文化研学课程设计，开展工业科普教育、培养科学兴趣、掌握工业技能②。通过市场化开发运营，按照市场需求规律开发旅游产品，加强社会资本参与，政府在政策和资金等方面给予倾斜，加大宣传和创新营销，创建一批主题鲜明、课程精良、运行规范的国家级研学旅行示范基地，打响河北省高质量研学旅游品牌。

---

① 《“十四五”文化和旅游发展规划》，http：//zwgk.mct.gov.cn/zfxxgkml/ghjh/202106/t20210602_924956.html

② 《推进工业文化发展实施方案（2021—2025年）》，https：//www.miit.gov.cn/zwgk/zcwj/wjfb/zh/art/2021/art_a25ffe2754bb488da049f257263b6518.html

（二）利用新型资源，促进跨界融合

全域旅游的发展要用全新的旅游资源观，审视区域内的资源种类和开发价值。充分发挥旅游产业的无边界特性，通过创意开发工业、会展等产业，赋予其旅游功能，实现旅游产业的主动融合，从而创新旅游业态，丰富旅游产品，满足人们的个性化、多样化需求，创新提升融合产业的综合价值。

推动“工业＋旅游＋文化”创新融合发展，积极探索工业与旅游业之间融合发展的新渠道、新模式，拓宽工业企业生产领域和经营空间，实现工业旅游和旅游工业比翼发展。保护开发工业遗产旅游，坚持“保护原有灵魂，创造美好空间，回顾历史记忆，乐享现实时尚”的原则，利用开滦煤矿、唐山南湖、京张铁路等工业遗址遗迹，开发建设一批城市休闲型、主题公园型、博物馆展示型、文化创意集聚型等工业旅游示范基地。鼓励中国长城葡萄酒、君乐宝、食草堂、衡水老白干、华北石油、丛台酒苑等省内知名工业企业创新开发多种形式的工业旅游，提升产品市场占有率，增加企业品牌价值。充分挖掘河北省老字号的文化内涵，依托建筑厂房、生产流程、设施设备、生产工艺、企业风貌等资源开发旅游休闲项目，深度挖掘河北工匠精神，打造一批沉浸式工业文化体验产品和项目，讲好河北工业故事，助力老品牌复兴。促进旅游业与钢铁、食品、纺织服装工业等河北优势传统工业产业链相融合，加入文化要素、借助新技术等增加内涵与互动体验，促进传统工业升级。推动旅游装备制造业发展，研发生产具有自主品牌的登山、滑雪、露营、探险、房车等各类户外用品和特色旅游商品，建设一批文化和旅游装备制造业示范园区。促进旅游业与电子信息、生物医药、新材料、先进节能环保、新能源等河北省战略性新兴产业链相融合，让旅游成为企业品牌展示窗口和体验售卖渠道，催生产品创新[①]。

推动“会展＋旅游”创新发展，充分发挥会展旅游的溢出效应、衍生效应和放大效应，从产品、公共服务、营销、人才方面着力推动会展旅游消费升级，带动更多的国际优质品牌、产品和服务进入河北市场。在丰富产品方

---

① 《推进工业文化发展实施方案（2021—2025 年）》, https：//www.miit.gov.cn/zwgk/zcwj/wjfb/zh/art/2021/art_a25ffe2754bb488da049f257263b6518.html

面，迎合消费热点，引入多元主题会展活动在河北举行，着力推动专业性的品牌展会及产业主题展会来河北举办，服务河北经济适度多元发展，积极参与国家“双循环”的新发展格局。在提升完善公共服务方面，盘活存量用好增量，重点推进雄安新区、张家口、秦皇岛、石家庄、廊坊完善满足会展旅游发展的城市建设，培育成促进旅游交易、活跃旅游市场的会展平台型城市。创新“会展＋旅游＋科技”的融合发展，举办网络虚拟会展，建立线上线下有机融合的展会新模式。探索“商务＋旅游”深度融合发展的新路径，放大“会商旅文体”联动效应，围绕会议会展旅游集聚区，建设一批商务休闲园区、创新研发园区、商贸购物基地、购物旅游体验区、物流集散中心、教育培训基地。在品牌营销方面，建立会展、旅游、城市的整体营销理念，丰富营销渠道，扩展品牌影响力，并注重展后二次营销渠道的拓展。加强与京津冀地区会展业交流合作，实现区域展会、展馆、参展商信息资源共享，联合举办国际性会展活动。在人才培养方面，拓宽人才培养渠道，加强会展高端人才的引进，建立“企业、高校、社会职业培训”三位一体的河北会展人才培训基地。提升会展业人才精细化服务能力，构建从会展策划、申办、承办、宣传到接待一体化服务，形成完整的会展服务产业链。

三、全域共建，丰富消费体验

旅游核心吸引力不足，传统旅游要素开发品质不高，夜经济发展落后，冬季旅游亟待大力开发等现状是制约河北省全域旅游高质量发展的重要瓶颈，严重制约河北文旅产业的转型升级。坚持扩大内需这个战略基点进行全域共建，顺应文旅消费需求多元化、个性化、自主化、品质化的新趋势，挖掘河北优势旅游资源，坚持世界眼光、中国高度、河北特色，进一步完善河北全域旅游要素体系，加快打造全域性、全要素、全时段的河北全域旅游要素产业链。从而促进文化和旅游消费升级，推进文化和旅游消费融入畅通国内大循环和促进国内国际双循环的新发展格局，形成全省文化和旅游需求牵引供给、供给创造需求的更高水平动态平衡。

（一）旅游景区提档升级，彰显景区旅游新品质

“十四五”期间，新冠肺炎疫情影响下的新市场形势、国家多个相关政策出台实施的新环境影响、5G 技术普及应用的新技术支持、旅游 4.0 美好生活新内容升级的新时代特点以及新消费主体形成的新需求特征，都在倒逼景区提质增效、转型升级。旅游景区发展进入 4.0 时代，产业越来越综合化、产品越来越品质化，从关注规模体量到关注消费体验内容，从“打卡式”旅游到更优质的旅游体验和服务[97]。在全域旅游发展时代，景区仍是旅游者消费的主体，是发展的重中之重。目前，市场上的大部分景区存在“市场热、投资热、创建热”三热现象，机遇前景大好，但也面临着三差，即“效益差、体验差、口碑差”[98]，河北的旅游景区也不例外。通过转变开发运营旅游景区的理念，由“重开发”到“重经营”、“重物”到“重人”、“重硬件”到“重体验”进行转变，对景区进行文化赋能、创新融合、链接融合、链接整合、超级 IP 和标准升级提升景区核心吸引力[99]，同时开展铺天盖地的营销、力求精益求精的管理，以营销赋能提升旅游人数，以产品赋能提升人均消费，以管理赋能提升管理效益，从而实现河北全域旅游时代景区提质增效[100]。2025 年，4A 级以上高等级景区力争达到 180 家。同时，瞄准世界级旅游度假区和国家级旅游度假区的目标，推动观光旅游向度假旅游转变，到 2025 年，省级以上旅游度假区力争突破 20 家。

首先，产品多元化，提升人均消费。第一，文化赋能。构建文旅融合新模式，让特色文化在各大景区开满创新之花，实现景区文化主题性。第二，创新融合。通过文旅产业与其他产业创新融合，催生新业态旅游产品，实现资源价值潜力释放。通过文化与科技、游戏、体育、影视等方面的文旅融合，构建新的产品业态。第三，链接融合。打破景区边界，按照资源整合的发展理念，链接周边资源，为我所用。景区提供优良的资源和核心吸引力，周边区域提供丰富完善的服务配套和多元化的旅游产品，促进片区内的旅游产业良性联动发展，形成泛景区的旅游目的地。继续推进五岳寨—驼梁联创国家 5A 级景区，继续探索创新“景区带村”的发展模式。第四，链接整合。打破产业边界，链接跨界资源，实现跨界链接，形成景区发展新产品、新内容、

新消费。第五，超级 IP。深挖各大景区本身的资源和文化，开发与之相关的系列文创旅游商品，打造景区的超级 IP，提升旅游购物消费水平。第六，标准升级。用景区标准化促进景区品质升级。完善 A 级旅游景区评定和复核机制，有序推动旅游景区提质扩容，促进景区高质量发展，出台《河北省旅游景区质量等级管理办法》。将运营景区的思维方式由门票经济转变为产业链经济，通过景区核心吸引力的提升，丰富产品业态，在存量的基础上做增量，适当降低门票，增加景区二次消费，延长游客停留时间，实现由一日观光旅游向多日休闲度假转变。

其次，营销多样化，提升旅游人数。第一，找准市场定位，对客源市场做精准预计。针对不同需求的客源市场，如京津冀周边的周末旅游市场、乡村旅游市场、体育旅游市场、康养度假旅游市场、研学旅游市场等专项旅游市场进行针对性的精准营销，同时要针对不同细分市场进行景区主题的再研究和再定位。第二，加强品牌营销。通过创新节庆事件营销、活用网络媒体营销、全面覆盖传统媒体营销，三管齐下共同对景区的特色、主题、品牌和形象进行精准营销，真正让景区“走出去”。第三，制定灵活的产品促销策略。针对景区的一次消费（基础消费）、二次消费（配套消费）、三次消费（会员专项消费）等不同产品类型采取相应的促销方法。如将二消产品打包和门票联动销售等。第四，提升人性化的对客服务。令人印象深刻的旅游服务会直接影响旅游口碑，也会刺激积极的、无戒备无限制的冲动消费，好的对客服务本身就是一种营销，包括全程体验服务、游客中心接待服务、景区交通接待、景区导游接待等[98]。

最后，管理精细化，提升管理效益。第一，坚定“以人为本，精益求精”的景区管理理念，通过品质化旅游产品的开发、智慧化景区的建设和管理、景区服务人员的定时培训、制定科学而有活力的管理制度，实现收入升级、智能运营、精细管理，最终让游客感到旅游体验的温暖和服务的品质[98]。第二，由于疫情防控成为新常态，要抓好疫情防控与市场监管，营造安全的旅游消费环境，推进智慧景区建设，实现所有景区的预约、错峰、限量常态化。第三，运营前置。景区规划与开发中，要将“运营前置”战略贯穿始终。在项目前期就要明确景区的运营管理模式与盈利模式，继而明确景区的产品业态组合、建筑景观形态、营销推广体系、项目投融资、业态自营和招商模式等系统化整合链路，促进文旅项目的高效和可持续运营，实现效益和品牌形象的双丰收。

（二）旅游要素独立发展，打造旅游消费新热点

“十四五”时期是旅游要素独立化发展阶段。旅游要素独立化发展是旅游需求演化推动的结果，也是旅游需求提升的重要标志[99]。以新时期市场需求为导向，运用全域旅游资源观，通过“足量化—标准化—特色化—品牌化”梯度升级河北旅游要素产业质量，实现旅游要素独立化发展，打造成为河北全域旅游发展的重要特色旅游产品，从而刺激文旅消费，提升河北全域旅游吸引力。

首先，提升餐饮品质，实施美食工程，打造“美食河北”。立足河北省历史悠久的饮食文化，围绕全域旅游发展的需求，按照“原生态食材＋地方美食＋文化主题体验＋舒适用餐环境＋品质旅游服务”的提升思路，打造绿色生态、经济实惠、风情浓郁、特色明显的旅游餐饮产业。深入挖掘河北饮食文化内涵，开发燕赵文化型传统菜品，打造塞外宫廷宴、直隶官府宴、红楼佳节宴等一批特色文化餐饮品牌，创新开发“新派冀菜”，全力打造“河北十大名宴”“河北百家名店”，构筑河北美食品牌的核心支撑。大力培育旅游餐饮新业态，发展美食文化街区、文化主题饭店、演艺型饭店、美食主题的旅游村和特色小镇等项目，打造一批餐饮服务集中区。整合河北特色饮食老字号，推出优惠政策，进行市场运作，形成老字号精品餐饮连锁店体系，壮大老字号特色餐饮的规模和分布范围。支持全省各市持续开展特色美食评选和推介活动，甄选当地美食，绘制美食寻味地图。鼓励各市依托景区、度假区、特色小镇、特色旅游村等开展美食文化节，将当地的美食文化做大做强。推进旅游餐饮服务规范化，制定河北旅游餐饮服务规范化管理制度，星级饭店、主题餐厅、精品民宿客栈、高端连锁餐厅、大众连锁餐厅、特色餐馆、特色民族餐厅等分别制定相应管理规范，定期评定服务质量与信誉等级，管理规范重点内容包括服务质量、餐饮特色、游客满意度、服装服饰、主题装饰等方面。

其次，提升住宿品质，实施美宿工程，打造“美宿河北”。针对游客多元化的旅游住宿需求，按照“现代设施＋地方装饰＋人性服务＋休闲氛围＋个性主题＋生态环境”升级思路，多元化发展精品民宿、房车露营、帐篷酒店、乡村客栈、产权酒店、分时度假酒店、公寓式酒店、青年旅舍等新型住宿业态，同时推进高端酒店品牌化、度假酒店主体化、经济酒店连锁化、乡村酒店标准化、主题酒店个性化。依托重点旅游景区、旅游度假区，引进一批国内外顶尖连锁休闲度假酒店品牌。围绕河北省特色文化，重点打造一批红色文化、皇家文化、长城文化、运河文化、冰雪文化、温泉文化、杂技文化等特色文化主题酒店，将文化主题酒店建设作为提升全省旅游吸引力的新亮点。结合“互联网＋”新技术，区块链模式打造智慧酒店、快闪酒店。在“场景化消费”的概念下，推动“酒店＋新零售”模式的创新，推动星级饭店智能化设备使用，如无接触的自助办理入住或退房一体机、机器人送物到房、客房智能控制系统等。优先提升张家口冬奥会片区的住宿品质和文化特色，将该片区打造成为全省住宿提升打造的新样板和展示河北“冀忆里”旅游住宿品牌的新窗口。

最后，提升购物品质，实施美物工程，打造“冀念河北”。推进旅游购物向购物旅游转型，持续提升购物消费在旅游花费中的比重，持续推动旅游商品品牌建设工程，按照“全系列、高质量开发＋国际化、创意化设计＋体验性、多元化购物平台＋全过程、全方位质量管理”的升级方式，对现有的购物体系进行升级，打造具备“纪念性、观赏性、艺术性、趣味性、知识性、独创性”的特色旅游商品，打响“冀念品”旅游商品品牌。全系列、高质量打造河北特色旅游商品体系，高水平研发具有自主知识产权和鲜明地方特色的文化创意旅游商品、非物质文化遗产工艺品、旅游生活用品、中草药康养产品、农副土特产品、特色食品、工业旅游商品、旅游装备等特色旅游商品体系。国际化、创意化推出河北旅游商品品牌，引进和培育国际一流的旅游商品设计创意机构，扶持本土旅游商品开发企业，建设一批特色商品创客基地，举办河北旅游商品设计国际创新创意大赛，提升旅游商品的设计感、创意性，提高旅游商品的附加值。体验性、多元化构建旅游商品购物平台，拓展线上线下两大市场，支持优质特色旅游商品进景区、特色商品街区、高速公路服务区、旅游集散中心、高铁车站等游客聚集区，将旅游商品售卖店打造成为文化体验、休闲享受的文创空间，同时拓展阿里巴巴、京东等线上购物渠道，与知名电商合作运营“冀念品”旗舰店。提升现有辛集皮革、白沟箱包、正定小商品、安国中药、香河家具、清河羊绒等旅游购物景区，大力发展旅游休闲购物街区。积极争取免税商店、离境退税政策，在石家庄、张家口、秦皇岛、雄安新区等地设立免税店、退税商店等新业态，探索建设国际旅游自由购物区，实现出境购物转移，促进国内大循环。全过程、全方位强化旅游商品质量管理，构建旅游商品生产标准和认证体系，规范旅游商品流通体系。

（三）夜间经济综合发展，拓展夜间消费新空间

当下我国的消费正在复苏，夜经济成为对冲疫情影响、提振经济信心的激活剂之一。发展夜间旅游不仅有助于文化和旅游融合发展，还推进了旅游供给侧改革，推动当地旅游产业转型升级，也必然带来旅游产业的高质量发展。夜间旅游不仅仅是日间旅游的时间延续，在旅游目的、旅游者活动范围、消费特点等层面与日间旅游都有很大不同。与日间旅游相比，夜间旅游的休闲性、自由性更明显，更加注重深度文化体验[100]。通过追求高品位夜生活、淬炼高质量夜经济、塑造高格局夜文化，互为推力，三足鼎立，将夜游产品打造成为拉动当地消费的新引擎和满足公众对美好生活向往的新载体。

首先，创新旅游业态，丰富夜间文旅消费供给。相关调研数据显示，城市夜生活体验成为游客目的地夜游首选，文化艺术场馆、电影院、剧场、夜市、集市被认为是最有吸引力的夜间消费场景。旅游“夜经济”是一种多业态融合的复合型经济，发展旅游“夜经济”应积极适应群众夜间消费需求多样化的特点，打造多业态融合发展的新模式。第一，提升打造夜间经济“老三样”，即夜市、演艺、景区[101]。依托城市商区、景区、旅游度假区、特色小镇和特色街区等开发美食街区、酒吧水吧、精品购物、手工体验等商街夜市，丰富夜间游览内容，提升游客过夜率，促进夜经济的发展。在旅游城市中心及有一定游客规模的大型景区，推出大型室内演艺、山水实景演艺、小型剧场等多种形式的文化旅游演艺和水秀表演，提升夜间旅游吸引力。依托景区开发灯光秀、旅游演艺、旅游节庆、主题展览、特色夜场体验等夜游项目，同时可以与"网红经济"相结合创新一些夜间娱乐项目，使"过境游客"转化为"过夜游客"。第二，大力发展夜间经济"新三样"，即节事、场馆、街区[101]。夜间节事是文化新载体以及城市新名片，是树立夜间旅游品牌的重要抓手。夜间节事根据其主要内容包括发光体活用型、表演型、城市中心型、狂欢型夜间节事四大类型[102]。依托省内各大城市中心城区培育一批夜间节事，如鼓励各地举办夜生活节、夜间读书节、夜间购物节、啤酒音乐节、美食狂欢节、灯光艺术节、烟花节、夜间马拉松、夜间骑行等，成为城市夜经济的爆点。延长博物馆、文化馆、图书馆等文体设施开放时间，鼓励开发"文博奇妙夜"、文艺演出等夜间体验项目，打造夜间场馆消费"文化IP"。依托城市、大型景区、旅游度假区、特色小镇等开发建设集观光、餐饮、购物、文创、娱乐、演艺、影视等多功能于一体的休闲街区，实现"一街一品""一店一色"，打造一批文化特色鲜明的国家级旅游休闲街区。第三，创新培育夜间经济"再三样"，即书店、古镇、乡村[101]。鼓励各市开发建设集购物、休闲、娱乐、餐饮、文化于一体的书店综合体，共同倡导"夜读"，让白天忙于工作的市民能够静静度过慢时光，享受生活"小确幸"，形成特色鲜明的夜间经济集聚区。培育开发古镇夜游旅游产品，实现从赏夜色到夜生活，从夜赏古镇到与夜晚的古镇互动，提升古镇旅游的过夜率和旅游吸引力。充分利用乡村自有特色，走个性化、差异化发展之路，结合科技、创意、艺术等手段，开发乡村夜游产品，丰富乡村旅游夜生活体验。

其次，提升文化内涵，打造夜间旅游文化IP。目前，河北一些景区开始尝试发展夜间旅游产品，但业态同质化严重，缺乏自身特色和创新创意。城市夜游产品结构单一，缺少文化内涵和人文情怀，不能满足消费者的精神需求。要真正推动夜经济成为"夜来香""夜惠美"，就要把传统文化挖掘和现代艺术创作更多地融入夜间旅游发展，向富有人文内涵、体现城市底蕴的方向发展，营造浓厚的文化氛围和凸显地方特色，最终实现经济效益与社会效益的统一，实现“亮化”到“文化体验”的转变。街区是高频消费区、新晋网红地。建议河北省把“一城一街”“一地一街”作为各地旅游夜经济培育和发展的重要抓手，融入当地历史文化、民俗文化和产业特点，打造具有文化底蕴的特色街区，实现“一街一特色”“一街一主题”，借鉴南京夫子庙、北京南锣鼓巷、成都宽窄巷子的发展经验，打造一批夜间文旅消费网红街区打卡地和兼顾旅游者和本地居民需求的国家级旅游休闲街区。景区的夜游产品开发更要深度融合和彰显景区文化特色，高科技只是彰显文化内涵的新手段、新形式，没有文化支撑的高科技灯光秀、旅游演艺是没有生命力的。景区要深入挖掘自身的独特卖点，包装打造专属的文化 IP，给游客创造不一样的文化体验。

再次，完善公共服务，优化夜间消费环境。具有关调研数据显示限制夜间旅游的最主要因素为游客担心安全问题，同时公共交通也是制约人们进行夜游体验的重要原因[103]。夜间旅游的开发是系统性开发，其中配套服务是夜间旅游高质量发展的基本保障，完善的公共服务和良好的夜间消费环境能够为游客的夜间游览体验保驾护航。第一，完善公共服务配套。改善景区、城市休闲街区等旅游集聚区的照明系统使其达到发展夜间旅游的条件。在周末、节假日期间适当延长公共交通的运营时间，可以开设旅游专线如夜间美食专线、夜间娱乐专线、夜间博物馆专线、夜间酒馆专线等。加强网络打车的运营安全管理，延长城市地铁的收车时间。在城际交通问题上，特殊时期可增设夜晚的“加班车”以及“定制车”以满足临近地人们出行的问题。鼓励各地搭建夜游信息平台，依托旅游公共信息服务体系，在游客中心、旅游集散中心、旅游咨询点提供城市夜间旅游指南信息服务，还可依托智慧旅游系统在手机及线下触摸屏等终端推送夜间旅游相关信息，为游客提供具有针对性的个性化夜游参考。第二，加强治安管理。成立专门的指挥中心，整合监管队伍，认真落实责任制，公共卫生和治安管理人员坚持夜间值班和应急值守。打击违法犯罪，排除安全隐患，建立应急救援体系，保障夜间出游安全。封闭场馆夜晚要加大灯光照明、安全出口标示的安装投入，尤其是阶梯、走廊、卫生间等易发生碰撞、摔倒情况的地方，借助高科技打造智慧型安全景区，同时做好限流和预约工作。

最后，做好顶层设计，构筑政策保障。近几年，河北省夜间旅游不断开发，各地不断尝试开发新的旅游产品，发展态势总体良好，业态种类、产品质量、服务水平等较之前都有了很大提升，但要向高质量发展需要政府耐心培育与悉心引导。一是，加强顶层设计。要坚持科学规划，将夜间旅游发展与城市发展、商业网点布局紧密衔接；对地铁口、公交站、道路改造等进行配套规划，实现人员引流，设计游客动线，通盘考虑各项工作部署，以及协调交警、城管、消防等部门共同支持；将夜间旅游发展列入各地经济发展规划体系中；制定夜间旅游发展专项规划，整合各地夜间旅游资源，以市场需求为导向，建设一批布局合理、特色明显、业态丰富、功能完善的夜间旅游示范点。二是，加强政策保障。研究出台细化发展繁荣夜间旅游的政策措施，从扶持优惠夜间旅游发展、打造夜间文旅消费场景、开放商业街区夜间经营、鼓励夜间经济业态融合、提升夜间文旅消费环境等方面制定实施方案和具体措施，加大对夜间旅游发展的支持力度。持续深化“放管服”改革，在法律法规允许范围内降低夜间旅游街区经营主体准入门槛，简化审批程序，推进供给侧结构性改革。通过规划统筹和政策保障，鼓励各地开发夜赏、夜游、夜宴、夜娱、夜购、夜宿“六夜”系列旅游产品，最终打造成一系列拳头性的、标志性的、具有更广范围影响力的夜间旅游产品。

（四）冰雪旅游创新培育，激发冬季文旅新动能

全域旅游发展理念注重四季全时，而冬季旅游对于河北来说恰是一大短板。中国旅游研究院发布的报告显示 2021—2022 年冰雪季，我国冰雪旅游市场规模有望达到 3.4 亿人次，冰雪旅游收入预计达到 6800 亿元，冬季旅游市场发展态势持续增长。滑雪属于技能型旅游，具有旅游消费水平高，旅游频率较高，占用资源少等特点，能够带动相关旅游装备制造业的发展，是旅游高质量发展的一个重要形态[99]。“十四五”时期河北省要借助 2022 年冬奥会这个重大历史机遇，认真贯彻落实习近平总书记关于“冰天雪地也是金山银山”和“三亿人参与冰雪运动”的重要指示精神，高标准发展冰雪竞技旅游，广泛开发冰雪休闲运动，培育发展冰雪康养度假[104]，切实将冷资源打造成为热经济、白雪变成白银，用冷资源撬动热产业，实现资源变资本、资本变资金、资金变产业，让河北冬季旅游新模式、新业态、新品牌、新产品成为展示河北全域旅游高质量发展的新窗口。

第一，打造产业集群，加强龙头引领。以冬奥会为契机，以崇礼为核心，以国际化、标准化、市场化为发展方向，充分发挥冬奥品牌、冬奥场馆、冰雪产业等资源优势，高标准发展冰雪竞技运动旅游。同时，做大做长冰雪产业链条，加快培育一批世界级的冰雪运动产品和休闲度假产品，强化冰雪产业优势聚集，培育发展冰雪运动装备制造、冰雪运动培训学习、冰雪主题动漫影视、冰雪专业人才培养、冰雪体育运动、冰雪论坛会展等产业集群，打造形成以太子城冬奥会场地为核心、以崇礼国家级滑雪旅游度假地为重点的世界级冰雪旅游目的地，引领全省冰雪旅游跨越性发展。

第二，创新融合发展，促进协调互动。立足全局，充分发挥冰雪旅游具有观光性、体验性、度假性、文化性等多重特性，系统谋划，在竞技运动基础上，完善冰雪运动赛事、冰雪运动培训、冰雪营销及冰雪装备生产等冰雪全产业链。同时，不断实现冰雪产业相关服务业的延伸，运用“冰雪+”的发展理念，与学、研、产结合，与健康、教育、旅游、养老、文化、体育六大幸福产业相互关联，构建产学研城一体化的综合开发发展架构。崇礼冰雪旅游开发要加强与大境门长城、怀来葡萄、赤城田园、张北草原等周边不同特色的旅游资源联动发展，打造复合型旅游目的地，高质量打造京张体育文化旅游度假休闲带。在冬奥会冰雪运动发展的契机下，通过产居融合、冰雪康养度假产业链、冰雪度假产品运营、度假功能集合、生活方式的营造，将传统的避暑度假目的地逐渐打造为冬季度假目的地，最终实现冰雪康养度假化的终极目标[104]。按照线串珠的理论，重点打造几条最好玩、最接地气的冰雪旅游线路，加强宣传推介，让游客“享冰乐雪”。加快冀中南冰雪旅游的开发，实现全省冰雪旅游均衡发展，冬季冰雪南北共振。

第三，推进全民普及，全面优化提升。青少年参与冰雪体育运动，是实现3亿人参与冰雪运动，推动大众冰雪运动发展的重要基础。因此以青少年为突破口，探索尝试冰雪运动进校园的方式，将冰雪项目在有条件的学校列入体育选修课，培养青少年的冰雪知识和技能，以基层学校培养青少年的冰雪运动意识，带动大众参与冰雪运动。加强滑雪场规划建设，开发不同难度的滑雪赛道，满足大众参与冰雪运动的多层次、多样化的需求。加强娱乐性冰雪运动产品的开发，如冰车、冰蹴球、冰上龙舟、冰上保龄球、狗拉雪橇、雪圈竞速、雪地寻宝、雪地卡丁车、雪地CS对抗、雪地踢球、趣味滑梯等娱乐项目，将庙会、艺术节等与冰雪运动相结合，以娱乐性冰雪运动项目吸引群众参与到冰雪运动中来。丰富冰雪赛事活动，鼓励各地因地制宜举办不同规模的冰雪赛事，加强冰雪旅游宣传推介。加强冰雪专业人才培养，与省内高校对接，鼓励有条件的高校开设冰雪运动相关专业和课程，培养具有一定冰雪素养的大众冰雪运动人才，补充冰雪专业人才的缺口。完善冰雪旅游项目周边的交通、餐饮、住宿、购物等相关配套服务设施，加强管理营造安全的冰雪旅游环境，提升游客冰雪旅游满意度。

第四，坚持市场主导，加强政府扶持。坚持市场导向，满足市场需求，着力推进冰雪旅游的供给侧结构性改革，扩大增量，优化存量，完善市场机制，发挥政府引导作用，营造全省重视冰雪、支持冰雪、参与冰雪的社会氛围，制定顶层设计，加强宣传推介，出台支持冰雪旅游的相关政策，加快资源资产优化整合，创新招商引资方式，提高社会资本参与度，培育壮大市场主体，提高市场化运营水平，全面提升冰雪旅游专业化、市场化、规模化发展水平。

四、全域共智，打造智慧文旅

新冠肺炎疫情期间，5G、人工智能、大数据等“新基建”服务民生、带动消费得到了最佳体现和检验，“云旅游”“云逛店”“景区直播”等旅游新业态、新模式发展迅猛，逆势上扬，让旅游目的地从线下走上云端，极大丰富了居民日常旅游休闲活动，满足了广大游客对内容创造和场景营造的现实需求。在常态化疫情防控的“十四五”期间，大力实施文旅产业数字化战略，持续深化“互联网 + 旅游”，提升5G、人工智能、物联网、大数据、云计算、北斗导航、区块链等在文化和旅游领域应用程度，推动旅游生产方式、服务方式、管理模式创新，丰富旅游产品业态，拓展旅游消费空间，培育适应大众旅游消费新特征的核心竞争力，实现河北文旅产业的科技革命，推动河北全域旅游高质量发展。

（一）加快建设文化和旅游云

升级“河北旅游云”，完善服务功能，加快建设“河北文化和旅游云”。建立多渠道数据采集和对接机制，推进与省内相关部门和行业建立数据交换共享，实现旅游资源、文化资源等信息整合，建设文旅大数据中心，为消费者、企业、管理部门提供信息咨询和服务，促进文化和旅游信息服务体系建设，实现文化和旅游企业、公共文化机构管理营销能力和政府公共服务质量跨越提升。到 2025 年，全面完成市级文旅大数据中心建设，全省形成大数据互联互通新格局。同时，升级“一部手机游河北”，丰富文化元素，实现可视、可听、可阅读平台，实现一部手机完成线上线下文化和旅游的智能化、便捷化服务。

（二）完善智能化基础设施建设

把握新型基础设施建设和数字社会、数字政府建设机遇，加强旅游信息基础设施建设。加快提升国家 5A 级景区、国家 4A 级景区、省级以上旅游度假区、公共文化场馆、冬奥赛区、机场、车站等各类旅游重点区域 5G 网络、无线网络覆盖水平。制定出台智慧旅游景区建设指南和相关要求，明确在线预约预订、分时段预约游览、流量监测监控、科学引导分流、非接触式服务、智能导游导览等建设规范，推进预约、错峰、限量常态化，提高管理效能。推进景区、乡村旅游点、停车场、旅游集散与咨询中心、游客服务中心、旅游风景道及景区内部引导标识系统等数字化与智能化改造升级。推进机器人在导游导览、景点解说、信息咨询等方面的应用。推进人工智能在旅游危险领域、事故现场作业等方面应用。推进景区无人驾驶汽车应用。推进北斗系统在山岳型、滨海型等旅游景区的紧急救援中的应用。推进旅游厕所数字化建设，实现信息查询、路线导航、意见反馈等功能。完善游客移动支付方案，为其旅游消费提供便利。为老年人等特殊群体保留线下服务的基础上，支持旅游公共服务平台开发专门应用程序和界面，优化使用体验。

（三）创新高科技文旅产品体验

第一，创新高科技旅游产品。全面推进智慧旅游景区建设，引导旅游景区开发数字化体验产品并普及景区电子地图、线路推荐、语音导览等智慧化服务。推进5G技术与VR/AR技术、裸眼3D技术相结合，探索高科技在旅游创新方面的应用，力争在旅游产品的数字化、沉浸化、IP化、场景化等方面取得新突破和新成绩。运用技术手段深入推进历史情境和传说故事再现，加强科学技术与乡村旅游、非遗旅游、红色旅游等业态的融合。

第二，推进文化产业数字化建设。与科技结合、与创意结合，以“智慧+”的发展理念，通过文化感设计、沉浸式体验、新科技植入、产业化迭代，建设活态文化场馆体系。运用人机交互、虚拟现实、全息影像等现代信息技术，增强文化场馆服务的趣味性和吸引力。建设智慧博物馆、文化馆，开展文物复原与保护领域、古建筑还原、历史文化展示等科技创新应用，推动线上博物馆发展带动文创产品销售。建设智慧图书馆，构筑立体化、全方位、广覆盖的知识服务体系。推动数字文创产品、数字文娱内容创作生产。促进“云博物馆”“云图书馆”“云非遗”“云剧场”等数字文化产业的线上展示、文化传播和营销推广。

第三，推进夜经济数字化。通过光影新科技、多媒体、沉浸式等手段促进夜间景观改造以及夜间演艺、夜间文化体验项目发展，提高夜间经济供给质量。到2025年，建设一批智慧景区和智慧文化场馆示范点、文化和旅游科技创新示范项目和全国智慧旅游示范村镇。

（四）加大线上旅游营销力度

第一，打造高质量、官方权威营销平台。加强对河北旅游微信公众号、官方微博、官方网站的运营和管理，及时更新信息，实时更新推出河北热门旅游产品、旅游线路，为河北旅游搭建更完善、更权威的新媒体官方信息发布平台。开通以高质量旅游信息推送为主要功能的河北旅游微信订阅号、以旅游公共服务信息服务查询、导游导览、协同答复为主要功能的河北旅游微信服务号、以全省旅游行业从业人员管理和移动办公OA等为主要功能的河北旅游微信企业号。

第二，构建覆盖全媒体、宽渠道、多形式的旅游推广营销网络。鼓励旅游景区、旅游饭店、博物馆等与互联网服务平台合作建设网上旗舰店，实现门票在线预订、旅游信息展示、会员管理、优惠券团购、文化和旅游创意产品销售等方面功能。鼓励各地区采用网络直播、网站专题专栏、小程序等线上营销方式，推介乡村旅游重点村镇、中国美丽休闲乡村和乡村休闲旅游精品景点线路。发挥“河北数字旅游体验展”的示范作用，鼓励各市县设立“数字旅游体验中心”，以沉浸体验方式实现文旅品牌一站式展示、推广。构建营销宣传推广矩阵，建立省、市、县（区）渠道电子商务网络营销平台，开展精准营销，拓宽在线分销渠道。组织开展“大 V”游河北活动，通过多平台对河北旅游进行宣传推介。聘请国内一流团队拍摄制作河北旅游形象宣传片，并根据当前移动互联网旅游营销的需要，策划制作系列河北旅游创意短片和旅游动漫宣传片，对河北旅游开展 VR 品牌系列设计。创新开展专题和话题宣传，重点进行短视频、直播内容开发，实现全省文旅的互动式传播，打造新媒体“爆款”产品。鼓励河北居民和来冀游客通过自媒体、社交平台等传播河北旅游品牌，营造“人人都是河北旅游代言者”的品牌推广氛围。

第三，加强线上国际营销。针对疫情防控常态化下对外交流的内外环境变化，创新调整对外及对港澳台文化交流和旅游推介方式。开通运营脸书、推特等境外社交媒体账号，充分发挥“云交流”“互联网 +”的作用，通过国内外网络交流平台，推出“河北经典艺术和优质旅游资源系列线上推广”行动，并持续推出综艺演出、非遗传习、图片展示、摄影比赛等形式多样的线上交流活动，形成线下和线上融合发展的立体交流网络。

五、全域共联，加强产业集聚

在大众旅游休闲时代，单个景区发展模式的边际效应越来越低，已经不能适应产业集聚规模发展[28]。河北省全域旅游高质量发展要深入贯彻落实区域协同和产业集聚规模化发展战略，进行旅游资源的创新整合，打造旅游产业集聚区，实现产品的高质量供给。一是对于同一行政区域内不同性质的旅游资源，以全域旅游理念为指导，要创造条件实现区域连片化组团发展，打造复合型旅游功能区，提升整体片区的核心吸引力；二是对于跨行政区域的紧邻旅游资源，要打破行政区划束缚，从更高层面成立旅游项目开发区，错位开发旅游产品，完善配套旅游要素，统一旅游品牌形象，共同开发片区化旅游区，联创国家级旅游品牌，如驼梁—五岳寨联创国家 5A 级景区；三是对于集中连片跨越多个行政区域的旅游资源，可按照“风景廊道 + 主题功能旅游区”的模式进行开发，实现旅游产业集聚发展，多地共赢，打造线形旅游目的地，如大运河文化和旅游带、长城文化和旅游带、太行山文化和旅游带等。

（一）资源整合，板块集聚

按照品牌引领、板块聚集、资源整合的原则，综合考虑自然文化生态单元的完整性、资源禀赋、发展水平和区域融合发展程度，实施创新发展机制、提升核心景区、丰富区域产品、完善公共服务等举措，打造一批特色鲜明的旅游产业聚集区，促进河北省文旅产业率先转型发展。重点打造京张体育文化旅游带、太行红河谷旅游区、唐山湾国际海岛旅游区、塞罕坝森林草原旅游区、西柏坡红色旅游区、京北皇家文化旅游区、唐山工业文化旅游区、京西百渡山水文化旅游区、嶂石岩—太行大峡谷地质奇观旅游区、衡水湖生态文化旅游区、秦皇山海康养旅游区、沧州运河武术杂技旅游区 12 个特色鲜明的旅游产业聚集区①。

（二）带状延伸，区域协同

遵循景观延续性、文化完整性、产业集聚性和区域协同发展原则，依托河北境内长城、大运河、太行山、燕山、环渤海、坝上草原等旅游资源富集的线性文化廊道，实施一体化联动发展战略，按照“风景廊道 + 主题功能旅游区”的模式进行开发，建设区域间互联互通的整体文旅休闲廊道。各个地区因地制宜开发彰显当地特色的主题功能旅游区，配套完善的公共服务设施，建立协调联动的旅游管理体系，整体营销统一的大品牌，鼓励在同一个文化和旅游带上的不同地区联合发放旅游一卡通和预付式旅游年票，打造成为擎

① 《河北省文化和旅游“十四五”发展规划》

动河北全域旅游发展的文旅产业隆起带、提升河北文旅产业知名度和核心吸引力的重要抓手项目、促进区域联动发展的新载体。同时，加强对滹沱河、永定河、滏阳河等水系研究，融合文化旅游产业，塑造魅力休闲走廊。

大运河文化带和旅游带。以廊坊、沧州、衡水、邢台、邯郸、雄安新区为重点，深挖大运河河北段文化特色、资源禀赋、景观风貌资源，通过突出文化引领、注重产品创新、促进产业升级、优化软硬环境、加强品牌建设，科学构建“一轴引领、两廊延展、五区联动、多点支撑”的文化旅游融合发展大格局。精心培育南运河世界遗产旅游区、吴桥杂技文化旅游区两个世界级文化品牌，提升打造运河沿线的旅游景区及度假区、文化产业园区、郊野公园和文化公园、古城古镇和特色小镇、大运河博物馆展馆5类文旅项目，发展文化创意、武术杂技、非遗展演、影视出版等特色产业，培育叫响“千年运河 燕赵雄风”河北运河品牌，打造成为特色鲜明的河北文化产业隆起带、古朴自然的生态运河景观带、活力创新的文旅融合样板带、合作共赢的协同发展示范带。长城国家文化公园（河北段）。落实中办、国办《长城、大运河、长征国家文化公园建设方案》要求，以秦皇岛、唐山、承德、张家口、保定、廊坊、石家庄、邢台、邯郸9个设区市以及雄安新区为重点，深入挖掘长城文化价值、景观价值和精神内涵，科学构建以太行山燕山串联“两带、四段、多点”的公园空间布局，高质量打造秦皇岛山海关段、承德金山岭段、张家口大境门段和崇礼段4个重点区段，做好保护传承、研究发掘、环境配套、文旅融合、数字再现、联动发展、错位开发等重大工程，积极发展文化体验、生态休闲、康养度假、科普研学、演艺娱乐等文旅业态，建设河北特色的长城国家文化公园文旅产业融合示范带。太行山文化和旅游带。包括太行山主脊及以东的山地部分，以张家口、保定、石家庄、邢台、邯郸为重点区域，以太行山旅游上升为国家战略为契机，发挥文化和旅游在太行山区乡村振兴、资源型地区转型发展中的重要作用，深入挖掘太行山地区的始祖文化、红色文化和生态文化等内涵，以太行山高速及其连接线为依托，整合优势资源、特色产品，推动景村共建、农旅共荣，实现整体性、综合性开发，加快发展太行山红色旅游、生态观光旅游、山地休闲度假旅游、山地运动旅游、太行人家乡村旅游，打造集文化太行、红色太行、康养太行、绿色太行、运动太行、研学太行、乡愁太行等多功能于一体的复合型生态文化体验与山水休闲度假旅游目的地。同时强化与山西、河南、北京等省市太行山区的合作，共推线路、共拓市场、共建品牌。最终将太行山文化和旅游带建成彰显中华民族精神的标志性山脉旅游区、践行“两山理论”绿色协同发展的先行试验区、助推脱贫攻坚和乡村振兴的示范引领区、区域合作示范区。渤海文化和旅游带。以河北沿海地区的秦皇岛、唐山、沧州三市为重点，发挥渤海湾山海相依、文化深厚、生态优越的资源优势，积极培育邮轮游艇、滨海温泉、康体疗养、葡萄酒庄等高端旅游业态，促进海滨旅游向内地延展、向海洋进取、向海岛深入。重点打造秦皇岛国际滨海度假旅游名城、唐山中国工业文化旅游名城和沧州运河武术文化名城，同时加强与环渤海省市的合作，全力打造国家海洋（海岛）旅游示范区、国际滨海文旅休闲度假带。坝上草原文化和旅游带。以张家口、承德两市为重点，依托张承坝上地区优势的生态环境、优美的森林草原景观和浓郁的草原文化，以自驾观光旅游为基础，整合提升“国家一号风景道”和“草原天路”旅游产品体系，丰富旅游产品，提升产品质量，完善配套设施，创新节庆活动，打造集文化草原、生态草原、运动草原、新能源草原等多功能于一体的引领坝上全域旅游发展的多彩草原产业廊道①。

六、全域共享，主客互惠美好

全域旅游发展的重要目标之一是通过资源整合和质量提升，让旅游发展的各方利益相关者能够共享成果，最终满足人民对美好生活的向往和提升人民的生活幸福感。因此，河北全域旅游的高质量发展离不开共建共享，既要为游客提供优质的旅游服务，也要充分尊重本地居民的生活发展需求；既要把河北打造成为游客的旅游休闲乐土，也要打造成为本地居民的美好生态家园；既要把河北打造成为宜游宜乐的全域旅游示范地，也要打造成为本地居

① 《河北省文化和旅游“十四五”发展规划》《河北省旅游高质量发展规划（2018—2025年）》《河北省太行山旅游业发展实施方案（2020—2035年）》《河北省大运河文化和旅游融合发展规划》

民宜居宜业的生活沃土[105]。坚持基础设施惠民共享、旅游效益富民共享、优质环境主客共享的共享共建战略理念，将河北省打造成为全面展现全域旅游主客共享、全民共建机制的新高地。

（一）基础设施惠民共享

运用主客共享的理念推进全省基础设施建设，统筹规划建设交通与旅游服务设施，打造水、陆、空畅达的综合立体旅游交通网络，提升全省的外部可进入性和内部交通通达性，实现“快旅慢游”。推进城市绿道、骑行专线、登山步道、慢行系统等旅游休闲设施建设，以“市民的健身道、游客的风景道、农民的致富道”为目标，学习借鉴广州增城的绿道建设，推进全省休闲绿道的革命性建设。继续推进“厕所革命”，重点对旅游景区、旅游线路沿线、交通集散点、旅游餐馆、旅游娱乐场所、休闲步行区、重点旅游村、城镇等厕所进行全面整治改造和优化提升，城镇的厕所供给模式可借鉴学习正定的先进经验，因地制宜推进农村的厕所改造，全省厕所实现“数量充足、干净无味、实用免费、管理有效”。加强旅游惠民便民服务，推进以公园绿地、爱国教育基地、博物馆、纪念馆、美术馆、公共图书馆、文化馆、科技馆等为重点的公益惠民资源的免费开放，重点提升全省免费旅游场所的内涵品质。推进各市城区、重点旅游景区、主要交通线路等重点旅游区域的无障碍设施、标志牌、星级厕所、停车场、邮政、通信、金融等旅游公共设施及便民服务系统的提升建设，城镇的停车场供给模式可根据各地实际情况借鉴学习正定的成功经验。出台针对不同旅游人群的旅游优惠政策，为游客提供便捷的旅游咨询服务，营造便捷旅游服务环境，针对本省居民继续推进“一卡通”和旅游年票的发行，同时扩大使用范围，以全域服务品质革命全面提升旅游惠民便民服务，树立旅游品质服务的标杆。

（二）旅游效益富民共享

“十三五”时期，全省因地制宜，根据各地的乡村旅游资源、区位条件和市场发展潜力，突出特色、分类指导，大力发展乡村旅游，探索了一系列可推广、可复制的乡村旅游扶贫富民模式，如“旅发大会”扶贫模式、“景区带村”扶贫模式、“非遗+”扶贫模式、“合作社+农户”扶贫模式等，乡村旅游的发展有效提升了当地居民的经济收益和居住条件，实现了旅游效益扶贫富民共建共享①。精准扶贫与全域旅游融合发展有很深的内在逻辑[106]，全省乡村旅游高质量发展是全域旅游高质量发展的基础，乡村旅游是增加农民收入最现实、最直接、最有效、最可持续的支柱产业。“十四五”时期大力实施乡村旅游驱动乡村振兴战略，实现乡村振兴与全域旅游齐头并进，珠联璧合。

第一，谋划不同类型的旅游富民精品项目，实施名企支持重大项目建设行动。按照“精品化、特色化、差异化、品牌化”的发展战略，通过资源化整合、片区化开发、产业链带动打造一系列国字号乡村旅游示范区（点），不断优化乡村旅游产品供给。按照国家特色小镇产业特而强、功能聚而合、形态小而美、机制活而新的要求，高品质打造一批特色小镇。鼓励有资源、有基础、有潜力的乡村旅游点按照A级景区和省级度假区要求改造提升，打造一批有吸引力、有影响力、有独特魅力的高品质乡村旅游景区和度假区。按照“产业兴旺、生态宜居、乡风文明、治理有效、生活富裕”的总要求，聚焦农业强、农村美、农民富，建设一批田园综合体，实现农村生产生活生态“三生同步”、一二三产业“三产融合”、农业文化旅游“三位一体”。依托现有休闲农园自身的区位条件、资源特点和发展基础，通过提升产品吸引力、突出园区特色、完善服务设施、提升服务水平，打造一批“度假庄园型”“共享农庄型”“乡土游乐型”“主题休闲型”“科普观光型”等不同模式的休闲农园精品项目。

第二，创新旅游富民模式，丰富旅游富民渠道。在有条件发展乡村旅游的地区，因地制宜继续推广之前的旅游富民模式。同时，探索新的旅游富民模式，如“园区＋休闲”模式、“农庄＋订购”模式、“政府＋企业＋农户（PPP）”模式、“公司＋基地＋农户”模式、“龙头企业＋合作社＋农户”模式等。通过民宿改造提升、培育星级农家乐、渔家乐、安排就业、定点采购、输送客源、培训指导以及建立农副土特产品销售区、乡村旅游后备厢基地等方式，鼓励当地居民通过土地入股、资金入股、劳务吸纳、产品销售、经营

① 《河北省文化和旅游“十四五”发展规划》

管理等多种途径积极参与到旅游项目的建设运营中，提高当地居民的经济收入。在全省大力推广“共享农庄”富民模式，“共享农庄”是在不改变农民所有权的前提下，将农村闲置住房进行个性化改造，形成一房一院一地，并根据需求改造为市民田园生活、度假养生、文化创意产业等多种模式。通过互联网、物联网技术，与城市租赁住房需求对接，形成政府、集体经济组织、农户以及城市消费者“四赢”局面。通过发展“共享农庄”，使农民变成股民、农房变成客房、农产品现货变成期货、消费者变成投资者，实现农民增收、农业增效、农村增美[107]。

（三）优质环境主客共享

以共享为导向，全面提升全省的生态环境、人居环境、社会环境，为游客创造宜游宜乐的旅游生活体验空间，为本地居民创造宜居宜业的美好生活承载地。

第一，全面整治生态环境。坚持“绿水青山就是金山银山”发展思路，加强全省的生态建设，将生态建设与环境治理、景观建设、产业升级、城乡建设、社会参与紧密结合。以“河北处处皆风景”为目标，对全省的山水林田湖草进行生态保护和修复，禁止破坏性开发。重点对涉旅路边、水边、山边、村边开展洁化、绿化、美化、亮化“四边四化”环境整治工作。同时，推进农业投入品减量化、生产清洁化、废弃物资源化、产业模式生态化，鼓励各地农业生产者采用节水、节肥、节药、节能等先进的种植养殖技术，推动种养结合、农业资源综合开发，优先发展生态循环农业①。严格控制全省各项环境指标，打造全省绿水、青山、蓝天、净土的高质量生态环境。

第二，全面提升人居环境。对城市空间风貌进行景城一体化、产城一体化提升，提取当地文化特色符号，提升打造城市的商业空间、休闲空间、社区空间、夜景灯光、公共艺术等，突出地方特色，打破“千城一面”格局。以美丽宜居乡村、特色小镇为抓手，继续推进乡村“三改一整”、垃圾污水无害化、生态化处理工程，同时开展乡村民居工程、乡村环境工程、田园景观

---

①《中华人民共和国乡村振兴促进法》,http：//www.npc.gov.cn/npc/c30834/202104/8649182798754789b32b329e8a4e885c.shtml

工程、水系景观工程，将景观风貌乡野化，形成一村一景、一村一业、一村一特色，营造原味乡境、淳朴乡情、浓厚乡愁，打造"望得见山，看得见水，记得住乡愁"的特色乡村体验地。深入挖掘每个景区的主题文化，景区内的建筑、景观、游步道、标识系统、环卫设施等建设与景区主题深入融合，实现景区风貌主题化。实施"车窗风景线"品牌工程，提升交通沿线生态景观、文化景观、乡村景观的风景质量，将省内的旅游风景道打造成为集生态路、景观路、旅游路、文化路、产业路、致富路、共享路多路合一的环境展示新载体。

第三，全面优化社会环境。树立"处处都是旅游环境，人人都是旅游形象"理念，对当地居民开展旅游知识宣传教育，强化当地居民的旅游参与意识、形象意识、责任意识和主人翁意识。鼓励当地居民以礼待客，营造热情好客氛围、宾至如归的感觉。加强旅游志愿服务，建立讲解咨询、医疗救护、翻译、法律帮助等多种志愿者的服务队伍，制定管理激励制度，开展志愿服务公益行动，打响河北旅游志愿服务品牌。定期开展旅游软环境分析和旅游好客度调研，制定旅游服务提升方案。科学规范旅游市场经营秩序，提升旅游从业人员的服务意识和接待水平，成立专门旅游执法队伍，营造"舒心旅游、放心旅游、满意旅游"的良好环境。从整体层面提升社会公众的道德品质、价值观念、文化水平、旅游观念和基本素质，提升当地居民生活的幸福感、优越感和自信心，塑造良好的区域形象，建立全域旅游的大好人文环境。党委统筹，政府主导，联合多部门加强文旅市场综合执法和监管力度，打造安全有序、法纪严明的旅游消费环境。

第六章 “十四五”时期河北省全域旅游高质量发展保障措施

一、创新管理体制机制

政府管理体制机制创新是全域旅游保障体系的核心要素。河北省旅游资源禀赋突出，全域旅游产业的不断发展要求各级政府及相关组织创新管理体制机制，形成符合河北省实际的全域旅游管理体制机制。机制体制创新要通过各级各地政府部门与旅游产业相关职能部门的联合驱动，保障旅游运营方、旅游投资方、社区居民群体和游客群体的“四方共赢”，以旅游产业为核心进行管理创新，以拉动河北省全域综合发展为目标导向进行全省旅游要素合理调配，推进旅游产业与其他产业的深度融合，充分发挥旅游产业的带动作用，真正实现旅游政策和综合管理对河北省全域旅游产业的撬动作用[108]。

（一）加强领导统筹

随着文旅产业的不断发展，政府部门在旅游行业中立法、审批、管理与协调的职能需拓展升级，因此“十四五”时期加强河北省政府部门综合协调与领导统筹能力是重中之重。一是要加强全域旅游资源整合与挖掘能力。有机整合区域旅游资源，结合本地实际深入开展调查研究，对不同区域不同特点的旅游资源对症下药，出台契合当地实际的旅游管理措施和项目规划内容，对于省内优势优质旅游资源要持续开展重点调查整合工作，对于具有较大发展潜力的资源要全面评估，有选择地进行挖掘。二是要积极协调各部门关系职责。河北省各级部门、各地政府要积极协调沟通，落实好组织内部责任分工，做到权责明晰，找准责任与管理边界，避免责任与管理职能交叉和重叠，让旅游相关政策措施继续精细化，让旅游相关部门协调更加合理，更加紧密[109]。三是要统筹落实全域"旅游+"战略，坚定不移地开展产旅融合化发展。要积极利用政策优势和管理职能引导文旅产业和市场有效融合，强化文旅部门综合协调管理权力，积极推动文旅相关部门与其他产业部门开展合作，实现信息互通与市场共融，充分激发全域旅游市场活力，充分丰富全域旅游产业业态。四是要全方位构建全域旅游公共服务体系。积极出台相关措施推动河北省全域旅游公共服务体系的制定与完善，加强文旅部门与国土、交通、农业、林业、工信、医疗等部门的协作，共同构筑覆盖全省的全域旅游公共服务网络，全面提升游客出游体验，实现区域综合发展。五是要加大资金投入力度与政策扶持力度。要加强专项资金投入与顶层设计助推全域旅游产业发展，健全河北省全域旅游产品管理体系，加强专业技术投入与支持力度，积极开展智慧化旅游，构筑全域旅游管理智慧平台与产品数据管理体系。六是要坚持全域旅游发展规划与制度保障"双保险"。要科学制定全域旅游相关规划和符合各地实际的建设目标与蓝图，为河北省全域旅游的发展提供科学引领；建设完善的全域旅游法律法规体系，强化市场监管机制，为全域旅游提供多层制度保障[110]。七是要以旅游行业监督管理促进全域旅游服务质量的提升，政府部门要以身作则，强化责任落实，开展"厕所革命"、稳定市场秩序、严把产品质量关卡，积极推行精细化治理工程，统筹领导全域旅游健康可持续发展。

（二）创新综合管理

在"十四五"时期，河北省各级政府及相关旅游职能部门要在综合改进旅游行业的规定基础上，积极调动各方积极性，构建全域旅游示范区与文旅融合优秀示范区和试点城市，培育改革新载体。此外，河北省文旅相关部门还需要推进政府管理职能改革，创新综合管理，保障全域旅游的高质量运行。一是要创新管理体制机制，促进旅游发展由"多头化"管理向"一体化"管理转变[111]，要对全域旅游资源进行统一管理和规划，设立全域旅游专项管理基金，构筑全域旅游综合管理平台，建立全域旅游资源一体化管理保障机制，对全省旅游资源开展宏观管理和指导，实现管理的高效化、统筹化与一体化。二是创新监管考核机制，将全域旅游工作纳入区域阶段专题考核系统，激发文旅相关部门与全域旅游参与主体的积极性。三是优化全域旅游管理结构，要保障旅游景区公共服务与基础设施建设的平衡性，解决如过于注重景区娱乐市场的“重商轻游”或只注重景区本身与设施建设的“重游轻商”等结构性失衡问题，按照本地实际和以往长期存在的旅游管理盲区重点开展管理工作[112]。四是创新全域旅游管理方式，开展科学管理、精细化管理及智慧管理，与研究机构通力合作，科学制定全域旅游公共服务发展规划，注重旅游公共服务与基础设施全域式覆盖，积极构建全域旅游智慧管理数字化云平台，让全域旅游管理由点向面不断拓展，打造完善的全域旅游智慧管理体系。五是创新全域旅游市场产品管理体系，注重特色旅游产业与特色旅游产品培育的规范化。通过产品规划与运营管理，合理制定河北省全域旅游产品评价标准进行定期的评估审核，在全域旅游产品配套的基础设施和相关服务、市场运营上严格把关，打造一批基础设施完善、服务效能突出、旅游业态丰富的特色旅游产品系列[113]。六是拓展全域旅游管理主体，大力推进全域旅游管理模式由部门行政管理逐步向社会综合治理转型，要提高河北省全域旅游管理的参与度，实现河北省旅游管理全域化，建设河北省全域旅游“全民共建、全民共享、全民共管”的综合管理系统[114]。

二、完善相关政策支撑

全域旅游的快速发展以政府政策的保障落实为依托，在“十三五”时期，国家多次出台相关政策围绕全域旅游开展工作部署，加大了政策扶持的力度。同时，全域旅游也得到了各级政府的重视和支持。现阶段，全域旅游已经成为一项国策，是社会参与、全民关注的国家第三产业发展战略。在国家政策的积极引导下，文化和旅游部全力推动全域旅游的发展建设，提出全域旅游发展实施“三步走”发展战略，全面推动全域旅游发展改革，以全域旅游发展为主线全面推进文旅产业的融合发展[115]。

近年来，河北省围绕本省实际，大力推进全域旅游系列保障政策出台落实，努力构筑河北省全域旅游的政策保障体系，极大程度地推动了全域旅游的发展。“十四五”期间全省仍要持续推进旅游政策优化改革，制定符合本省及各地区实际的旅游政策，尤其在财政、土地、税收等政策方向上不断激励文旅产业的快速发展，推动河北省全域旅游创建工作迈入新台阶。

（一）强化财政扶持政策

一是要加大全域旅游项目资金投入力度，推进全域旅游基础设施建设的高质量和标准化，如游客接待与集散中心、旅游厕所、房车营地、自驾系统、交通道路系统等，为河北省高质量全域旅游基础设施体系的构筑提供财政支撑。二是要利用财政手段不断优化公共服务供给。要注重河北省全域旅游公共服务配套体系建设，如智慧旅游信息咨询平台、全域旅游标准化服务体系、全域旅游宣介系统、全域旅游质量评估机制与旅游市场监管等，为河北省全域旅游公共服务体系的构建提供财政保障。三是要以财政为基本抓手做好河北省全域旅游宣传培训工作。加强全域旅游宣传力度，提升全民导游意识，培训对象可覆盖到社区居民、行业经营者甚至外来游客，营造“人人是导游”的全域旅游氛围；要以河北省各级政府为主体单位开展旅游宣传培训工作，设立专项教育培训资金，构建线上线下双培训机制[116]。四是加强全域旅游奖励扶持力度，突破单纯依靠政府投入搞建设的局限。河北省政府文旅相关部门要向市场借力，利用财政资金成立各级别旅游发展支持基金，加大对具有特色的旅游产品、文旅相关企业及个人的扶持力度，引导河北省全域旅游提升活力与质量[117]。五是利用财政资金支持，鼓励河北省依据各地实际情况和特色文化，大力开展形式多样、风味浓厚的文化旅游系列活动，打造区域特色名片，增强全域旅游体验，以文促旅，以旅兴文，积极引导河北省全域旅游的文旅融合进程[118]。六是在大力扶持全域旅游配套基础设施建设的同时，要注重河北省全域旅游生态环境的建设，加强全域生态旅游项目支持力度，如针对生态旅游新业态贷款贴息等，推进河北省全域生态旅游专项基金建设，全面构筑全域旅游生态环境。

（二）加强土地优惠政策

自 2009 年至今，旅游产业用地迎来高速开发期。国家陆续出台《关于支持旅游业发展用地政策的意见》《关于实施乡村振兴战略的意见》等政策性文件，积极保障旅游产业用地供应，明确规定了旅游新业态用地政策及全域旅游产业用地规范及服务标准。2020 年 3 月国务院发布《关于授权和委托用地审批权的决定》，提出在保护耕地、节约集约用地的前提下，将国务院可授权的永久基本农田外的农用地转为建设用地审批事项，授权各省、自治区、直辖市人民政府批准。下放农用土地审批权有助于减少用地审批时间和企业拿地成本，推动乡村振兴和丰富农业投资方式、用地形式，极大程度助推包括旅游业在内的新兴产业落地，助推全域旅游的高质量、全方位提升[119]。“十四五”期间，河北省各级政府相关部门要加强顶层设计，在土地利用规划上为全域旅游给予更多支持。一是要整合河北省全域旅游发展用地信息，精准制定、实施下一阶段的旅游产业用地规划，将旅游用地全面纳入河北省各区域国土空间规划中去，根据当地实际情况建立旅游用地标准，明确各区域内旅游用地与配套基础设施用地划分，适度拓展旅游产业用地规模。二是要在河北省各地区旅游重点项目和品牌项目上给予相应政策倾斜，探索实施重点全域旅游项目点状供地改革，保障重点全域旅游项目用地和乡村振兴旅游产业用地政策落地[120]。三是要拓展区域用地功能，在保证原有用地性质与规划内容的基础上，激励市场主体和用地主体利用土地自主开展符合全域旅游标准的旅游服务，如农村集体组织与城市居民自营或入股联合开办餐饮、民宿等旅游服务或企业；鼓励利用城市未利用地、乡村废弃用地开展旅游产品开发，利用好土地流转机制，通过未利用地开展旅游项目试点工程建设[121]。四是要增强各地区产业融合，鼓励一地多产，开展“产业 + 旅游”项目，如优化工业用地打造集工业生产、工业产品供销、工业生产展览与过程体验为一体的新型工业园区，助力乡村振兴打造集农产品种植、农作物展览、农业生产体验游为一体的美丽乡村农产基地等。五是积极探索河北省立体景观旅游新模式，降低全省用地压力和旅游用地成本。依托现有基础设施和用地类型开展优化工作，如加强城市闲置楼顶、高层建筑等的专业设计，打造水上、陆地和空中的立体旅游景观，建设如空中花园、水上长廊、地穴民宿等全域旅游新产品，通过立体产品开发减少河北省旅游用地成本，推动全域旅游高质量发展[122]。

（三）落实税收优惠政策

河北省要大力开展税务进旅游，税务为旅游，加强税务部门服务文旅行业的能力。一是要持续推动河北省税务人员或相关税务知识进驻企业，税务服务与咨询助力文旅行业畅通发展，为全域旅游项目建设提供税务政策参考。联合文旅企业或相关旅行社加强对文旅企业与产品的市场分析，充分梳理与解读文旅相关税收政策，增强文旅行业对税收政策的全面了解，做到及时传达文旅税收优惠政策，保障各项税费优惠政策直达企业。二是要针对全域旅游产业与文旅企业适当予以税费减免，如旅游类门票收入等免收增值税，开办文旅服务的纳税人或有旅游功能的产业用地适当减免税收等，利用各类抵退税政策为文旅行业带来减税红利，利用税收优惠吸引更多的资本注入，为河北省全域旅游市场带来政策环境优势。三是要借助多媒体与信息技术建设税务数据平台，开展税务在线查询、实时办理等业务，保障区域企业、居民及游客办理旅游税务便利化，营造便民利民的税收环境；针对环境治理良好、低于污染排放标准的文旅企业与产品，要适当减免环境保护税等，利用税收政策提升全域旅游生态环境。四是要利用税收优惠政策引导文旅消费，刺激全域旅游消费市场。利用税收政策刺激全域旅游消费端，对河北省文旅消费区域制定相应的促进消费的政策和税收政策，如积极实施全域旅游区内购物免减税政策等；完善纳税人文旅消费税收优惠政策，如鼓励文旅消费信贷、减免文旅消费税收支出等；利用税收优惠政策推进单位和企业休假制度落实与优化，进而促进文旅消费以助推河北省全域旅游的发展[123]。

三、激发旅游市场活力

自国务院发布《关于促进旅游业改革发展的若干意见》之后，发展壮大旅游产业，促内需挖潜力，让文旅产业激发市场活力、释放市场活性成为全国文旅产业机制改革指南。文旅产业作为竞争性产业，市场资源配置发挥着不可替代的作用，因此需要为全域旅游市场提供良好的发育空间，培育优质的发展环境，增强文旅市场的创造力，丰富文旅市场主体与旅游业态。

河北省全面推进全域旅游高质量发展，要充分激发市场活力，集中力量打响营商环境优化攻坚战，积极开展全域旅游市场"双创双服"工作，深入推进"三深化、三提升"活动，积极壮大市场主体，打造优良营商环境，全面提升全域旅游发展质量，围绕旅游业重大项目审批、全域旅游投融资模式优化升级等模块开展重点破题，目前取得了良好的成效。未来河北省要继续发挥市场在文旅产业及相关产业中的调配能力，继续巩固市场在资源配置中的主体性地位。

（一）培育壮大旅游市场

文旅市场主体的不断壮大与市场主体构成的不断丰富极大程度地促进文旅产业的不断发展和优化升级。随着大众旅游时代的发展，新型市场主体层出不穷，需多措并举发挥文旅市场主体在全域旅游中的重要作用[124]。一是推动市场主体转型升级。顺应居民消费升级需求，通过实施阳光娱乐行动计划、旅行社转型升级行动计划、星级饭店转型升级行动计划，推动传统文化和旅游行业转型升级。二是培育发展新型市场主体。支持建设多业态共同经营或混业经营的演艺、娱乐空间，加强对体验式演艺、沉浸式娱乐、电竞酒店、电竞娱乐赛事等新业态新模式及综合性文化娱乐场所的引导、管理和服务，培育新型文化市场主体。统筹用地、治安、消防、卫生等方面政策，推动旅游民宿高质量发展。三是推动线上线下融合发展。实施在线演出市场培育计划、在线旅游行业数字化赋能行动、"艺播"计划，最终推动文化和旅游市场主体数字化转型。四是推动文化和旅游市场融合发展。坚持以文塑旅、以旅彰文，推动文化和旅游企业、产品和服务深度融合①。五是要统筹协调好行政职能部门与市场之间的关系，坚持市场主体地位，促进河北省各级政府宏观调控与市场资源调配的有机结合，为河北省全域旅游构筑稳固的市场运行堡垒。六是重视全省相关企业在激发市场活力中的引擎作用，加快推进文旅企业集团化经营格局，通过出台相关政策、资源整合推动政企合作，全面提升全域旅游开发水准，支持各类行业在转型期涉足文旅领域，培养一批产旅融合的新型企业集团。七是鼓励扶持文旅产业小微企业发展，创建全域旅游微

① 《"十四五"文化和旅游市场发展规划》

企业平台，多方吸引人才和资本，通过相关人才引进政策重点引进高校毕业大学生、文旅研究专业人员、文旅相关领域从业者；强化政策指导与专业培训，以文旅专业培训、调研实践教育、优秀企业示范等方式培育一批全面优质、特点突出的小微企业。八是向市场机制借力，提高全省文旅市场主体活性，通过加大招商引资力度，吸引一批经验丰富、实力雄厚的文旅企业与品牌入驻投资，倒逼本区域文旅相关企业的提质创优和升级革新，推动河北省全域旅游市场高质量、高活力发展。

（二）打造一流营商环境

深度营造一流营商环境，打造市场化、法治化、国际化营商环境，促进市场公平竞争，为河北省全域旅游发展新态势提供环境保障。一是全面营造亲商环境。压缩行政审批流程，精简部门办事方案，缩短证件办理流程，打通涉旅企业办证办事绿色通道，创新部门程序机制提高涉旅项目审批效率和开工速度，实现涉旅服务精简化，旅游创业低成本，材料申报高畅通[125]。二是积极创建全域旅游事务办理专项窗口和智慧平台，针对全域旅游涉及的企业办销、用地批示、税务信贷、经营许可与交通审批等施行线上线下通办，深度推进“证照分离”“减证便民”制度，积极推进旅游事务App与网站的开发与升级，深度推行全域旅游企业事务“掌上办、网上办”，畅通河北省全域旅游便民便企通道。三是实现旅游市场的正本清源，政府部门要根据河北省实际，迭代升级全域旅游市场规范标准体系与法制化营商环境评价体系，开展营商环境评价与法治化建设，严格监管涉旅产品，打击假冒伪劣商品和安全不达标的产品系列。要大力整治旅游市场环境，开展“不合理低价游”综合治理行动，维护公平竞争的市场环境。严格安全审查制度，对审查部门进行定期培训，针对旅游安全、食宿安全与交通隐患等重点问题早查严筛，集力打造风清气正的全域旅游营商环境[126]。

（三）创新升级投融资模式

当前政府部门在投融资层面主要以财政资金下拨、发行债务以及PPP模式开展投融资工作，要打破传统投融资模式的困境，创新拓展投融资渠道。一是要加大政府部门在全域旅游项目建设方面的投资力度，建设河北省高质量品牌旅游产品和全域旅游重点项目，打造好全域旅游名片，提升河北省全域旅游的知名度和吸引力。二是相关工作单位和全域旅游项目建设方提升政府财政使用效率，杜绝无效资产沉积，通过创新产品经营模式改善资金使用效率，创新改革逐步去除旅游资产库存，缓解政府支付与债务紧张压力。三是河北省政府在进行发债投资过程中，要在具有较好旅游效益的旅游项目上有所侧重，要多渠道引进资金，以投促产，以产供投，积极鼓励地方政府成立专项项目基金，重点支持本领域特色旅游产业与重点旅游项目，制定一套全方位、高质量的完善的全域旅游项目评测标准，在此基础上发挥重点旅游项目的带动作用。四是要全力构筑本省旅游投融资一体化运营模式，建设全域旅游投融资平台，在各项目上的规划、投资、融资、建设、管理、经营均在平台上统筹开展，提高市场效率，提升投资项目建设质量和管理服务水平，以平台优势带动河北省全域旅游投融资的高效使用和全域旅游项目的高质量运行[127]。

（四）加大招商引资力度

加大河北省全域旅游的招商引资力度，善于向外借力，多渠道为河北省全域旅游发展引进资本。一是为河北省全域旅游招商引资创造良好的政策环境。河北省文旅相关部门要通过高效率的政策支持和保障工作来为全域旅游招商引资提供支撑点，要以本省优越的旅游发展环境为依托，提高引进资本签约项目的履约率、达产率以及项目效益，为招商引资项目提供适当的税收优惠、土地供给优惠及其他政策红利，为招投资项目提供完善的基础设施体系及相关配套服务。二是为河北省全域旅游招商引资提供良好的服务环境。要全面构建河北省全域旅游招商引资流程绿色通道与专项管理服务平台，为重点招商项目的申报审批、监督管理、政策法律咨询及政企交流提供统一服务，全面实现招商引资高便捷、项目建设高效率、涉旅服务高质量[128]。三是开展全域旅游精准招商，为河北省全域旅游招商引资打造优质的特色环境。注重把握河北省旅游实际，注重全域旅游产品更新迭代，清除低效落后产能，加速新旧交替，为河北省全域旅游开拓新的招商引资空间，坚持招优招大，注重落实安全质量、环保消耗、产出效益等招商评估工作，精准引进一批符合河北省全域旅游特色的高质量项目。四是快速拓展涉旅投资企业投资空间，为河北省全域旅游招商引资构筑良好的管理环境。河北省政府及相关旅游部门要精简招商引资审批流程，加速全域旅游招引项目落地，加大项目宣传力度，与投资企业开展一对一精准帮扶，打击懒政拖延工期行为以及市场阻工现象，真正为投资企业清路排障，帮助投资方建立良好的发展空间和投资信心。

四、实施人才强旅战略

当前我国旅游产业已成为国家谋求经济大发展、文化大繁荣的支柱型产业。实施人才强旅战略，重视旅游专业人才队伍建设，为全域旅游的可持续发展注入新鲜活力，是国家可持续发展、高质量发展的内在要求。"十三五"期间，文化和旅游部围绕《"十三五"旅游人才发展规划纲要》，加快国内旅游业人才结构调整，加快构建我国旅游人才竞争比较优势，为全面建设全域旅游大国夯实人才基础，提供智力支撑。

河北省为贯彻落实文化和旅游部、省委省政府深入推进文旅强国、建设全域旅游强省的意见与部署，加快河北省旅游人才队伍建设，联合开展"河北省文化和旅游人才实训基地"等重点旅游人才培育项目，全面吸纳旅游业的高素质人才，与旅游机构、省内高校和专业型旅游院校开展对接，共建人才培养平台，打造省内全域旅游的输血器。"十四五"期间，河北省仍需不断健全旅游人才培育机制，创新人才养成体系方法，强化全域旅游人才支撑，重点发展、评定、培育一批高质量的全域旅游产品设计、文创设计、行业规划、理论研究以及旅游运营的人才和平台，以人才强旅战略为全域旅游高质量建设提供保障。

（一）健全旅游行业培训机制

创新旅游行业培训模式，培育高素质旅游人才为河北省全域旅游的快速发展助力。一是要全面推进河北省全域旅游人才培训平台创建工作，建立健全河北省全域旅游人才培训体系。要以河北省政府部门为主体，着力打造河北省旅游行业培训中心与研究中心；积极构筑河北省旅游专业人才孵化基地，开展文旅从业人员周期性专题培训。二是要出台相关旅游培训政策，优化旅游课程培训教育方式，将旅游培训课堂讲授与现场指导、线上培训有机结合，开展农家乐、旅游驿站、民宿经营、酒店接待等现场指导教学，打造劳动实践培训体系，快速提升旅游行业培训实效。三是要注重旅游培训体验式教学，不仅安排培训学员统一学习，还要安排学员开展专题民宿、旅游酒店、旅游接待场所和其他旅游相关公共服务类设施的实践体验；丰富培训活动模式，开展多种形式的培训交流，如以文化沙龙、心得体会座谈会等形式的培训，邀请业界专家、民宿驿站经营方分享经验与视野，让学员充分、全面地了解河北省全域旅游行业现状和发展态势，更好地了解旅游产业及当地特色旅游文化。四是要大力推进全域旅游人才培训模式创新，增强部门互通，实现旅游行业培训部门共创、旅游课堂多方合办，培养一批学产一体化的全域旅游专业人才，定期开展旅游规划等专题培训，为河北省全域旅游提供高质量的教培保障体系。

（二）创新旅游引才引智机制

旅游专业性人才是全域旅游良性发展的核心资源，要始终以人才建设为抓手助力河北省全域旅游高质量发展。一是要创新专业人才培育机制，如政府集资开办旅游学院，鼓励携程、美团等旅游相关企业开办专项培育课程和企业大学，实现校企融合、产教一体[129]。此外要围绕民俗旅游、特色旅游、冰雪小镇、探险运动等旅游新业态，建设相应的专业人才培养机制，着力解决旅游新业态专业人才短缺问题。二是全力推进河北省旅游智库中心建设，引进专家学者、专业人才开展全域旅游优秀经验与相关案例归纳整合工作，制定契合当地实际的专业旅游规划和发展路径，为河北省全域旅游产业发展提供科学指导，为河北省全域旅游人才与行业发展提供发展方针。三是要通过政府出台相关政策，着力缩小省内旅游行业与其他热门行业的待遇差距，构筑完善的旅游人才吸纳体制机制，为全域旅游的人才战略提供良好的空间和环境。要提升旅游业资本吸引力，建立医疗、保险、食宿等稳固的基础服务设施保障，解决旅游人才的后顾之忧，大力推动旅游行业由劳动行业向智慧行业的转型，为引进高素质人才提供动力，努力吸引更多专业人才流入和留住。四是推动政府、旅游企业和教育机构的联合，构筑完善的旅游人才共建共享平台，通过政府部门全域旅游相关信息、人才资源进行共享，旅游企业优化旅游人才培育环境和薪资待遇保障机制，高校发挥旅游业人才供给作用与专业研究优势，全力打造全域旅游人才建设的引擎工程，为河北省全域旅游高质量发展提供源源不断的血液供给。

参考文献

［1］林玲，李江风.COVID-19对我国入境旅游人数的影响［J］.特区经济，2020（12）：23-26.

［2］刘淑芳，杨虎涛．新冠疫情对中日韩三国旅游业的影响研究［J］．亚太经济，2020（2）：21-29.

［3］郑三波.2021年国内旅游人数预计41亿人次，出入境旅游下半年有望启动［EB/OL］．（2021-02-23）．https：//baijiahao.baidu.com/s?id=1692484136094759350&wfr=spider&for=pc.

［4］高飞，王冬．后疫情时代的国际形势与中国对策［J］．和平与发展，2021（1）：1-17，130，136-142.

［5］夏杰长，毛丽娟，陈琳琳．外部冲击下旅游业的演化与变革——以新冠肺炎疫情为例［J］．新疆师范大学学报（哲学社会科学版），2020，41（6）：2，43-54.

［6］席来旺．对“后疫情时代”国际大势的几点看法——兼论和平与发展时代主题的持久性与新内涵［J］．太平洋学报，2021，29（3）：1-11.

［7］覃建雄．新冠疫情对全球旅游格局的影响及其对策研究［J］．中国软科学，2020（S1）：72-82.

［8］曹诗图，闫秦勤，周宜君．国际地缘政治环境变化与旅游业发展［J］．世界地理研究，2006（2）：61-65.

［9］朱英．习近平主持召开中央全面深化改革委员会第十五次会议并发表重要讲话［EB/OL］．（2020-09-01）．http：//www.gov.cn/xinwen/2020-09/01/content_5539098.htm.

［10］黄震方，陆林，肖飞，等．“双循环”新格局与旅游高质量发展：理论思考与创新实践［J］．中国名城，2021，35（2）：7-18.

［11］央广网．习近平主持召开中央全面深化改革委员会第一次会议强调，加强和改善党对全面深化改革统筹领导，紧密结合深化机构改革推动改革工作［EB/OL］．（2018-03-28）．https：//baijiahao.baidu.com/s?id=1596183703786825528&wfr=spider&for=pc.

［12］习近平．中国共产党第十九次全国代表大会文件汇编［G］．北京：人民出版社，2017.

［13］戴学锋，廖斌．全域旅游：全面深化改革的突破口［M］．北京：中国旅游出版社，2019：43.

［14］赵正焦，震楠．停摆！旅游业期待“报复性”反弹［J］．商学院，2020，1（Z1）：107-108.

［15］刘美君．2020 中国旅游集团发展报告发布：稳的格局没有改变 进的态势持续发展［EB/OL］．（2020-12-13）．http：//www.yidianzixun.com/article/0SNGpJw2?COLLCC=3824852557&s=op398&appid=s3rd_op398.

［16］张振家．后疫情时代我国国内旅游价值链重构路径分析［J］．企业经济，2021，40（5）：103-109.

［17］裴沛．后疫情时代国内旅游产业发展趋势与应对策略［J］．鞍山师范学院学报，2020，22（5）：30-33.

［18］李珊珊．新冠肺炎疫情背景下“云旅游”价值评估及对策建议［J］．价格月刊，2021（3）：89-94.

［19］马波，王嘉青．常态化疫情防控下的旅游产业新走向［J］．旅游学刊，2021，36（2）：1-3.

［20］陈康运．养老新模式：康养旅居 + 文化社群运营［J］．城市开发，2021（6）：22-23.

［21］陈希琳，许亚岚，张军红．消费升级路 生活更幸福［J］．经济，2021（6）：54-67.

［22］禹新荣．打造文旅消费新蓝海 畅通国内经济大循环［N］．中国旅游

报，2021-04-28（003）.

［23］陆洋. 旅游消费升级蕴藏广袤的内需蓝海［N］. 消费日报，2021-05-21（A03）.

［24］石培华，翟燕霞，李中，等. 全域旅游发展的中国模式［M］. 北京：中国旅游出版社，2020.

［25］林峰. 新格局下的全域旅游［EB/OL］.（2020-12-17）. https：//weibo.com/ttarticle/p/show?id=2309404583113157115983

［26］赵媛媛. 产业融合视角下河北省旅游产业转型升级发展研究［J］. 农村经济与科技，2017，28（8）：143，150.

［27］陈瑞斌. 构建全域旅游大格局 助推高质量跨越发展［N］. 昆明日报，2021-04-06（003）.

［28］李田，黄晨红. 高质量发展背景下河北省旅游产业转型升级研究［J］. 经济论坛，2019（3）：68-73.

［29］王红蕾，崔晓艳. 传统文化和全域旅游融合发展研究［J］. 合作经济与科技，2021（11）：18-19.

［30］徐金海，夏杰长. 数字技术赋能旅游业加速变革［J］. 中国会展，2021（1）：20.

［31］王庆生，王春蕾，王晓文. 京津冀地区旅游经济与新型城镇化耦合协调发展研究［J］. 天津商业大学学报，2020，40（1）：10-18.

［32］李飞，邹统钎. 论国家文化公园：逻辑、源流、意蕴［J］. 旅游学刊，2021，36（1）：14-26.

［33］牛明会，潘秀昀，马瑞，等. 文旅产业融入河北长城国家文化公园建设的路径探析［J］. 旅游与摄影，2021（8）：53-55.

［34］管静，扈德香. 2022年北京冬奥会推动京津冀地区冰雪旅游发展的研究［J］. 冰雪体育创新研究，2020（24）：13-14.

［35］王慧剑，李亚龙，黄颖. 冬奥会背景下燕赵传统体育文化跨文化传播策略［J］. 河北旅游职业学院学报，2020，25（4）：1-4.

［36］宋秋喜. 北京冬奥会背景下河北省冰雪产业发展研究［J］. 经济论坛，

2021（2）：70-76.

［37］肖和虎．非遗传承与旅游文创产品开发互推策略［J］．文化产业，2021（13）：62-63.

［38］郭艳，周丽娜，鲁超．基于地域文化的河北旅游文创产品设计研究［J］．旅游纵览，2021（1）：158-160.

［39］赵琳．常态化疫情防控下文化和旅游产业发展探析［J］．文化月刊，2021（4）：48-49.

［40］张丽，袁学艺，尹传好．后疫情时代数字文旅建设探究［J］．当代旅游，2021，19（13）：13-14，17.

［41］冯惠．中央广播电视总台在城市形象传播中的角色与定位［J］．中国广告，2021（5）：91-92.

［42］佚名．第三十五届中国国际五金博览会：线上线下双线驱动加速产业转型［J］．中国对外贸易，2021（4）：73.

［43］陈姝，季玉娇．新冠肺炎疫情影响下苏南地区会展业线上办展新模式研究［J］．商展经济，2021（8）：1-3.

［44］王金雪，程宏毅．习近平：立足提高治理能力抓好城市规划建设着眼精彩非凡卓越筹办好北京冬奥会［EB/OL］．（2017-02-27）．http//cpc.people.com.cn/n1/2017/0225/c64094-29106991.html

［45］利汶桦．冬奥背景下张家口冰雪旅游开发策略探究［J］．当代旅游，2020，18（33）：49-51.

［46］王慧．文旅融合背景下城市优质旅游有效供给能力评价——以沈阳市为例［J］．社会科学家，2021（1）：38-46.

［47］马瑞，王鹏飞．神木：文旅融合 开启全域旅游发展新时代［J］．法治与社会，2021（5）：38-39.

［48］望庆玲，孙军，顾敏．文化产业与旅游产业深度融合的动力机制与发展路径［J］．科技和产业，2021，21（5）：115-120.

［49］成傲楠，付子佳，李文心，等．全域旅游示范创建的机制与效应研究——以河北省为例［J］．江苏商论，2020（9）：57-59.

[50] 石培华，张毓利，徐彤，等.全域旅游示范区创建对区域旅游经济发展的影响效果评估——基于双重差分的实证分析[J].宏观经济研究，2020(6)：122-132，175.

[51] 张小丽.区块链技术下的旅游公共服务：一个分析框架[J].三峡大学学报(人文社会科学版)，2021，43(3)：42-46.

[52] 熊友平.文旅融合背景下全域旅游的高质量发展路径研究——以湖州市南浔区为例[J].湖北农业科学，2021，60(6)：189-192.

[53] 佚名.海外"全域旅游"的发展模式[EB/OL].(2021-01-27).https：//mp.weixin.qq.com/s?src=11&timestamp=1623206404&ver=3119&signature=ZsSEMRcRzaoUgOy8AtEU-csO8nnWFpDg9NjiU0YgVUUqeYVsaF9swjecbDaxiuZEsp1yqTxdQ4lH9zzlIXzdGOK0bQVVEocqoOOeCfGY-Rtocq6aYT2cPvHbdgDW4ycY&new=1.

[54] 胡一玮.西班牙乡村旅游发展经验对中国的启示[N].四川经济日报，2020-08-19(002).

[55] 吕友.透析国外全域旅游[J].今日国土，2016(9)：43-43.

[56] 沈仲亮，李志刚.五种全域旅游发展模式获肯定[J].党政视野，2016(11)：35-35.

[57] 刘冬，王慧.全域旅游发展的主要模式及其对辽宁的启示[J].中国林业经济，2019，154(1)：108-110+116.

[58] 张婷，王洁.全域旅游视角下都江堰市旅游发展思考[J].现代商业，2017(11)：88-89.

[59] 白骅.都江堰：打造国际化生态旅游名城[J].商业文化，2019，452(35)：82-93.

[60] 周丽，李琦.全域旅游视角下文化旅游融合发展研究——以昆山周庄为例[J].汉字文化，2020，249(3)：194-195.

[61] 张敏.彰显特色优势 推进秦淮全域旅游建设[J].江苏政协，2018(1)：35-38.

[62] 秦淮发布.《新华日报》专版报道：打造城市型国家全域旅游示范区

“秦淮样板”［EB/OL］.（2019-04-11）. https：//mp.weixin.qq.com/s?src=11&timestamp=1623140725&ver=3117&signature=SzNsix8WWbtQAfcmgVGb2TL-Y6LnBNiHH0w7C95PfTxmhenlxmzjDhiLEDNfJ7IVMMw-4HErtjUqaEUPTPljYQrYPGywwu97-7RrS1cAi*DOwoed1jvSsr4LWNCa08hPk&new=1.

［63］赵传松. 山东省全域旅游可持续性评估与发展模式研究［D］. 济南：山东师范大学，2019.

［64］佚名. 福建厦门：全面启动国家全域旅游示范区创建［J］. 世界热带农业信息，2017（11）：51.

［65］侯志强，樊玲玲. 全域旅游视角下的旅游目的地发展路径——以福建省为例［J］. 开发研究，2018（1）：76-80.

［66］佚名. 寿光做好旅游+融合发展［EB/OL］.（2018-06-04）. https：//mp.weixin.qq.com/s?src=11&timestamp=1623915357&ver=3135&signature=ec4XOjq7VKjwNiStEp5rG6Kms6vtrabddMtBgYf5VtyMKMSe55Ygc-XesJz3PMP9UP1V-JCbx8JnDrNCOd7USVMRBzMxOBmFw10A6YstxJ3wNeVTWpuHk3Bp1qVH5aKy&new=1.

［67］李春国. 民族文化与全域旅游深度融合的探索与对策——以湖北省咸丰县借力“世遗”文旅融合做强旅游产业为例［J］. 民族大家庭，2019（1）：81-83.

［68］聚焦全域旅游 全产业融合.［EB/OL］.（2021-01-17）. https：//mp.weixin.qq.com/s?src=11&timestamp=1623140393&ver=3117&signature=1o-*H0nqrZOwCgg3WDuh07Of-AWo7lpncOIH6TTMB9aPhBxU2lQ4R-bKXHSmdrRY7kIGSIOsa3tlc3M0RlKesqVSNpAGkOreDFQ-1GauclxFjjeFT43IIQ3TeJHd2oNV&new=1.

［69］白涛. 绘就全域旅游新蓝图［N］. 恩施日报，2018-12-13（010）.

［70］邱晔. 美学经济引领县域高质量发展的修武实践［N］. 中国社会科学报，2021-04-07（010）.

［71］中共河南修武县委，河南省修武县人民政府，戴学锋. 全域旅游的修武美学实践［M］. 北京：中国旅游出版社，2019.

［72］孙瑜．全域旅游视角下乡村旅游发展探究［J］．广东蚕业，2021，55（2）：97–98.

［73］滕志杰．全域旅游背景下乡村旅游景观优化的对策研究［D］．舟山：浙江海洋大学，2018.

［74］王翀．桐庐获评全省唯一“十大全域旅游目的地”［J］．杭州（周刊），2017，462（13）：61.

［75］罗静雯．看渝中如何打造全域旅游城市［N］．重庆日报，2017–09–15（001）.

［76］《全域旅游的阳城实践》课题组．全域旅游的阳城实践［M］．北京：中国旅游出版社，2019.

［77］聂晓民．阳城：从煤炭经济转型全域旅游［N］．中国旅游报，2016–06–01（013）.

［78］佚名．全域旅游与旅游综合发展［EB/OL］．（2019–04–19）．https：//www.sohu.com/a/159525982_99949129

［79］史寿山．全域旅游：增城旅游发展的实践与思考［M］．广州：暨南大学出版社，2013.

［80］增城旅发中心．大力发展全域旅游［EB/OL］．（2017–12–05）．https：//mp.weixin.qq.com/s?src=11&timestamp=1623140976&ver=3117&signature=nDFBW6FFjjjqLPdEA–rPy6AwKt9qfOoH5*15ilIL*WyU–8glBXNDe5ELhJktHmHJjTdAf9BwpWP1cPEZkppc8bpFpjnB078u8m4zxXY1VWDQDe104d1zodcudhoQiTM4&new=1.

［81］吴志才．广州增城：凸显民生本色 焕发全域旅游“精气神”［N］．中国旅游报，2021–04–27（006）.

［82］农素婷，黄腾虎．全域旅游理念下的“交通＋旅游”发展策略——以广西桂林市为例［J］．东方企业文化，2019（S1）：248–249.

［83］况顺航．红色土地绿色发展——赤水市全力在全域旅游建设中率先突破［J］．当代贵州，2016（16）：34–35.

［84］万恩霞．赤水全域旅游建设的实践与探索［N］．贵州日报，2018–

04-10（010）.

［85］王彩妮.基于绿色增长理论的强生态区全域旅游实现路径研究［D］.郑州：郑州大学，2017.

［86］王晶晶.全域旅游视角下生态保护型乡村发展研究——以金庭镇石公村为例［J］.城市住宅，2021，28（3）：170-171.

［87］袁娟.贵州省铜仁市全域旅游发展规划研究［D］.绵阳：西南科技大学，2018.

［88］张凯.论铜仁生态旅游的资源优势及发展策略［J］.旅游纵览（下半月），2017（2）：168，170.

［89］陈晏.打造全域旅游示范区率先实现井喷式增长［J］.理论与当代，2016（5）：24-26.

［90］陈昌旭.铜仁奋力创建新时代绿色发展先行示范区［J］.当代贵州，2018，488（26）：52-53.

［91］佚名.开启“全域旅游+研学”新式.［EB/OL］.（2020-08-07）.https：//mp.weixin.qq.com/s?src=11&timestamp=1623141166&ver=3117&signature=09n9awU7uBTc-zFssOZUbA32YexRt6-6PeEVx*b9LftqIX7o*wCCPLRkTMcEnFn*MGjMhMtxVF2PpIiE*A*CB*j1dmyfHRLiCxakixreb6vROt8ciNehlM09oZla-niO&new=1.

［92］张巍.山西省武乡县全域旅游发展研究［D］.兰州：西北师范大学，2019.

［93］长治市文化和旅游局.全域旅游大发展 红色研学唱主角［EB/OL］.（2019-09-23）.https：//mp.weixin.qq.com/s?src=11&timestamp=1623141240&ver=3117&signature=pnoDeGlpQKmNQozwKa-qzJ-l36ifQJw945c8ftOoUna9uAHsbxN3hIjTuBIwl2sluQx8hHi2NPosNYszrAuP8Z2FSKINIkFQOjEg1jaWBVSMW3SrJD14oIGY1KQVug5c&new=1.

［94］任燕，张武康，任育瑶.全域旅游示范创建区省域发展水平比较及启示［J］.统计与信息论坛，2020，35（7）：114-121.

［95］戴学锋，廖斌.全域旅游：全面深化改革的突破口［M］.北京：中

国旅游出版社，2019.

［96］吴必虎，聂委光 . 文旅产业的韧性与创新［M］. 北京：中国旅游出版社，2020.

［97］中国政府网 .2019 年全国文化和旅游厅局长会议工作报告［EB/OL］.（2020-01-05）.http：//www.gov.cn/xinwen/2020-01/05/content_5466633.htm.

［98］刘锋 . 刘锋讲旅游：文旅新探索［M］. 北京：旅游教育出版社，2020.

［99］张辉：中国旅游发展新阶段的 8 大特征［EB/OL］.（2021-03-24）.http：//www.360doc.com/content/21/0324/12/10398101_968603379.shtml.

［100］余得光 . 旅游公共服务视域下的城市夜间旅游发展研究［R］.2020 中国旅游科学年会，2020.

［101］中国旅游研究院.《2019 中国夜间经济发展报告》［EB/OL］.（2020-04-21）. http：//www.360doc.com/content/20/0421/06/55466045_907370147.shtml

［102］赵一静，尚雯雯 . 夜间节事旅游的内在潜力与效益转化——城市夜间旅游成功路径解析［M］// 中国旅游研究院 . 中国旅游评论 . 北京：中国旅游出版社，2019，4：86-90.

［103］刘文萍，刘丽梅 . 我国夜间旅游发展的问题和对策分析［J］. 内蒙古财经大学学报，2020，18（2）：119-122.

［104］林峰：冬奥会与京张体育旅游发展模式［EB/OL］.（2020-09-04）.https：//baijiahao.baidu.com/s?id=1676891634399180925&wfr=spider&for=pc

［105］郭静 . 恩施州全域旅游示范区建设路径研究［D］. 恩施：湖北民族学院，2017.

［106］周怡岑，罗娇霞，毛桂玲 . 精准扶贫与全域旅游融合发展：湖南旅游强省建设的内在逻辑、现实困境与实施路径［J］. 湖南工业职业技术学院学报，2018，18（6）：43-47.

［107］李军 . 共享农庄：乡村建设的有效抓手［EB/OL］.（2021-04-06）.http：//www.cpad.gov.cn/art/2021/4/6/art_56_188210.html?from=groupmessage&i

sappinstalled=0

［108］李延鹏．德州市全域旅游发展中政府职能研究［D］．济南：山东大学，2019.

［109］王静．全域旅游背景下我国旅游行政管理体制改革研究［D］．合肥：安徽大学，2018.

［110］赛萌萌．基层政府在全域旅游发展中职能问题研究［J］．市场周刊，2021，34（1）：189-190.

［111］雷葳．创新湖南旅游发展机制体制［EB/OL］．（2016-05-09）．http：//www.huaxia.com/ly/lyzx/2016/05/4833288.html.

［112］魏筱霞．浅谈我国旅游管理体制的改革与创新［J］．卷宗，2017（7）：179-179.

［113］依绍华．旅游产品质量管理探析［J］．商业时代，2006（20）：82-83.

［114］姜珊珊．旅游管理体制改革的探讨及其实践［J］．山西青年，2017（3）．

［115］佚名．全国全域旅游政策解读［EB/OL］．（2020-04-05）．https：//www.reportrc.com/article/20200405/5784.html

［116］廖奎．促进全域旅游发展的财政政策思考［J］．中国财政，2018，750（1）：67-69.

［117］佚名．从"恐龙之乡"到"全域旅游"市财政开启迈向旅游强市新引擎［EB/OL］．（2017-11-21）．https：//mp.weixin.qq.com/s? src=11&timestamp=1623222557&ver=3119&signature=9ssPtC00t9CS-omkaTLEcvKk6ycy9MHqBVCRJ3eU83LHUVFbdek*Laf2iNqOROSj888MDaEzqaqmQvT1*ZbSOd7jyOZJSqBe*sHIPDiLdZa8SEHCbQqkbuSMWyEUKSS5&new=1.

［118］柳州市财政为旅游业高质量发展保驾护航［EB/OL］．（2021-05-03）．https：//mp.weixin.qq.com/s?src=11&timestamp=1623222749&ver=3119&signature=LcOXd8-9Gw8AfjQ3DGevOKkBqln8Kv3uEV3fg5HI-TGGhlJvMHFa7Hc1Xfj2w5oziblg6MJgbJqoKW7PpaTRBM*rTOJspX3pRaO2YdMicbWJINwtyczJb

7wIASjPoOFG&new=1.

［119］国务院关于授权和委托用地审批权的决定［J］. 中华人民共和国国务院公报，2020（9）：15-16.

［120］许文洁 . 贵港市覃塘区樟木镇："旅游 + 土地流转"助推全域旅游［J］. 当代广西，2020（18）：62.

［121］佚名 . 全域旅游发展的土地利用创新模式［EB/OL］.（2018-12-13）. https：//www.sohu.com/a/281553314_808363.

［122］李月 . 我国空间垂直绿化的发展趋势与对策分析［J］. 安徽农业科学，2014（19）：6302-6302.

［123］计金标 . 利用税收政策促进旅游消费的探讨［J］. 税务研究，2015（3）：17-21.

［124］吴丽云 . 激发旅游市场主体活力 不断释放旅游消费潜力［N］. 中国旅游报，2019-03-18（003）.

［125］张又心 . 营商环境优化中的行政审批流程研究——以兰考县"一网通办"为例［J］. 社会科学前沿，2020，9（12）：6.

［126］唐晓云 . 治引结合 优化旅游消费和营商环境［N］. 中国旅游报，2021-03-24（001）.

［127］李雅楠，罗荣华 . 河北省旅游业投融资现状与展望［J］. 中国经贸导刊（中），2019（10）：143-144.

［128］林惠扬 . 地方政府招商引资问题与对策研究［D］. 武汉：华中师范大学，2019.

［129］蒋作明 . 政校企"三位一体"应用型旅游人才协同育人机制构建研究——以淮北师范大学为例［J］. 旅游纵览（下半月），2019（18）：178-179.